4차 산업혁명
에서 꼭 필요한
아메바 경영

이모션미디어

**4차 산업혁명에서
꼭 필요한 아메바 경영**

초판인쇄	2018년 06월 01일
초판발행	2018년 06월 01일
초판 2쇄	2018년 07월 01일

지 은 이	전영달
발 행 처	(주)이모션티피에스 TEL : 02-2263-6414 / 홈페이지 : www.emotiontps.com
펴 낸 곳	이모션미디어
주 소	서울시 중구 퇴계로41길 39, 3층 302호(정암프라자)
등 록	2016년 10월 1일 제571-92-00230호
전 화	02)2263-6414	팩스 02)2268-9481
이 메 일	emotion-books@naver.com
홈페이지	www.emotionbooks.co.kr

ISBN 979-11-88145-83-6
값 12,000원

이 도서의 국립중앙도서관 출판예정도서목록(CIP)은 서지정보유통지원시스템 홈페이지(http://seoji.nl.go.kr)와 국가자료공동목록시스템(http://www.nl.go.kr/kolisnet)에서 이용하실 수 있습니다. (CIP제어번호 : CIP2018013854)

이 책은 저작권법으로 보호받는 저작물입니다.
이 책의 내용을 전부 또는 일부를 무단으로 전재하거나 복제할 수 없습니다.
파본이나 잘못된 책은 바꿔드립니다.

머리말

기업을 살리는 아메바 경영

대한민국에는 성공한 사장도 많지만 실패한 사장도 부지기수로 많다. 같은 문제로 망한 회사가 없을 만큼 그 실패의 원인도 다양하다. 나는 33년 동안 중소기업을 평가하고, 진단하고, 컨설팅하면서 수많은 현장 경험을 쌓았다. 현장의 임상 사례들을 통하여 매우 풍부하고 귀중하며 살아 있는 교훈들을 많이 배웠다. 특히 실패한 사장들의 여러 케이스에서 더욱 가치 있는 시사점과 깨달음을 얻을 수 있었다. 그 경험이 훨씬 큰 울림을 주었다.

놀랍게도 실패가 아주 사소한 원인에서 비롯되는 경우도 적잖이 목도하였다. 사장의 생각이 원칙에서 아주 조금 벗어난 경우에도, 방심을 지속하면 기업은 망할 수 있다. 그렇지만 사장들은 자기 회사는 망해버린 여타 회사와는 근본적으로 다르다는 절대적인 믿음이 있다. 특히 차별화된 아이템을 보유하고 성장 가도를 달려온 사장들의 자신감은 대단해서 드러난 오류를 지적할 수도 없거

니와, 문제를 제기하더라도 절대 동의하지 않는다.

벤처 1세대로 큰 성공을 맛보았던 메디슨, 터보테크, 로커스의 신화가 붕괴되는 과정을 추적해 보니 이들 역시 다르지 않았다. 사장들은 실패 원인에 대하여 한결같이 환경이 이유였다고 강변한다. 그러나 과연 이분들의 논지와 같이, 기업 환경과 외부 문제가 기업 실패의 가장 큰 원인일까?

우리 기업의 경영 실패에는 서구의 경영 이론이 적지 않게 영향을 미쳤다. 서구의 실정에 맞추어 만들어진 경영 이론들이 종래 우리의 기업 경영 현장에 거의 그대로 무비판적으로 수용되었다. 구미에서 도입된 서구 경영 이론에 따라 기업 경영의 큰 틀이 대부분 짜였다. 그런데 성장이 멈추고, 다양한 사회적 문제가 밖으로 분출되는 지금, 서구의 경영 이론이 갖는 여러 문제점이 속속 두드러지고 있다.

첫 번째 폐해는 승자가 모든 것을 가져가는 성과주의가 그것이다. 적은 수의 대기업이 사회의 중심을 형성하고, 대다수 중소기업을 주변으로 몰아내면서 성과 제일의 경쟁 환경을 만든다.

두 번째는 주주 이익 중심의 의사결정 구조이다. 주주 이익이 우선이다 보니 주가가 경영실적을 나타내는 척도가 된다. 경영실적을 단기에 올리기 위해서 회기별로 수익은 빨리 인식하고 비용은 늦게 처리하거나, 설비투자를 미룬다. 또 연구개발을 망설이고, 직원에 대한 배분을 줄이고, 성과급 비율을 늘리고, 임시직 비중이 점점 커지는 것이다. 이러한 근시안적 경영과 분배는 잠재된 성장 동력이 발현되기 어려운 구조이다.

세 번째 문제는 구조조정이 사람 중심으로 진행된다는 점이다. 경기 불황, 업황 저조, 실적 저조에 대하여 사업부 폐쇄, 매각, 인적구조 변경 등 대중적 처방 위주로 안일하게 대응한다.

실무를 하면서 이러한 어두운 면을 극복할 수는 없을까 하는 안타까움이 많았다. 위와 같은 문제의식을 느끼고 연구를 거듭하는 중이었던 2005년경, 이나모리 가즈오 회장이 주창한 아메바 경영과 접하게 되었다. 지금까지 어떤 이론도 제공하지 못했던 실질적인 내용이어서 깊은 감명을 받았다. 2009년부터는 중소기업 사장들을 대상으로 아메바 경영에 대한 강의를 시작했는데 그 반응은 폭발적이었다. 여기서 힘을 얻어 지금은 '이나모리 가즈오 교'의 열렬한 신자가 되었다.

2013년 일본 오사카에서 열린 이나모리 가즈오의 강연회에서 드디어 회장님을 직접 만나는 기회를 가졌다. 이어서 교토 교세라 본사와 나란히 자리한 이나모리 가즈오 라이브러리를 방문하였다. 거기서 상상 이상으로 방대한 아메바 경영의 발전 과정 기록물과 연구모임인 '세이와주쿠' 운영 사례를 직접 확인하였다. 1959년 창업부터 지금까지 사용하였던 소품, 자료, 사진, 도록, 그리고 비디오까지 그 방대함과 정밀함에 벌어진 입이 다물어지지 않았다. 왜 이 귀중한 자료가 우리나라에 소개되지 않았을까 하는 안타까움이 몰려들었다. 그 자리에서 우리나라에 아메바 경영을 보급하는 일에 여생을 바쳐보리라 작심하였다.

아메바 경영은 1980년 무렵 일본에서 시작되었다. 지금은 대만, 싱가포르, 중국 등 아시아를 넘어 브라질과 미국 등으로 영역이 급속하게 확대되고 있다. 학계에서도 교토대를 중심으로 경영학이 개설된 대다수 일본 대학에서 연구논문이 활발하게 발표되고 있다. 미국에서도 MIT대를 비롯한 대학에서 연구와 사례 발표가 이어지고 있다. JAL(Japan Airlines, 日本航空)의 극적인 회생 등 실증적 성과를 발판으로 아메바 경영을 도입하는 기업이 증가하고 그 성과 사례도 확대되는 추세이다. 그런데도 유독 우리나라에서만은 아메바 경영에 대한 관심이 저조하다.

돌아보면 지난 33년간 내 주변엔 항상 경영 이론에 대한 의문과 도전이 있었다. 그런데 아메바 경영을 배우고 적용하면서부터 이 경영 방법은 어떤 경영상 난관도 극복할 수 있는 경영 비법이라는 확신이 지속해서 강화되었다. 이 방법을 우리나라 기업 활동에 적용하고 확대하는 데 소명감을 가지게 되었다. 이제는 어떤 사장을 만나건 간에 아메바 경영을 도입해 보라고 적극적으로 권하고 있다. 아메바 경영은 직원의 생각을 바꾸고, 이로 인해 회사의 성과까지 반등시킨다. 결국, 사장의 인생도 바꾸어서 죽어가던 주변까지 소생시킨다. 그래서 이 일은 정말 해볼 만한 가치가 있다.
혹자는 '한국에서 아메바 경영은 성공할 수 없다'고 말하기도 한다. 하지만 아메바 경영에 대한 연구를 거듭할수록, 아메바 경영은 우리나라에서도 충분히 가능하다는 확신이 오히려 더 강하게 든다.
나는 사장님들을 만날 때마다 힘주어 이렇게 말한다.
"두려워하지 말고 아메바 경영을 알아봅시다."

"알았다면 함께 실천할 방안을 토론해 봅시다."
"확신이 생기면 실천합시다!"

아메바 경영의 기본철학은 경천애인(敬天愛人)이다. 하늘을 공경하고 사람사랑을 실천하는 대의명분과 인간의 도리에 입각한 경영을 추구한다. 이러한 경영을 실천하고 추구하는 기업은 하늘이 먼저 돕고 사람도 돕게 마련이다.

이 책은 경영에 관하여 지금까지와는 전혀 다른 새로운 이야기를 들려줄 것이다. 이 책의 마지막 장을 덮을 때 아메바 경영을 더 알아보기로 하고 실행에 옮기는 사장님들의 모습을 꿈꾼다. 모쪼록 이 책이 지치고 갈 길을 잃은 사장님들에게 다시금 새롭게 시작하려는 용기를 북돋우고, 아메바 경영에 도전하는 마중물이 될 수 있기를 기원한다.

지은이 **전영달**

차례

프롤로그 제4차 산업혁명의 도래
프롤로그 1 제4차 산업혁명 시대의 도래 __ 10
프롤로그 2 알파고 현상 __ 14

Chapter 1 왜 아메바 경영인가?
1-1 아메바 경영의 매력 __ 20
1-2 살아있는 경영의 신 __ 24
1-3 교세라와 이나모리 가즈오 __ 29
1-4 아메바 경영 개요 __ 34
1-5 아메바 경영 철학 __ 39
1-6 아메바 경영 원리 __ 44
1-7 4차 산업혁명과 아메바 경영 __ 48

Chapter 2 아메바 경영의 골격
2-1 교토식 경영과 아메바 경영 __ 56
2-2 전원 참가 경영 __ 61
2-3 투명하고 공정한 회계 관리 __ 65
2-4 시간당 채산제도 __ 70

2-5 비용 최소화 __ 75

2-6 아메바 경영 성공 사례(JAL의 회생 1) __ 79

2-7 아메바 경영 성공 사례(JAL의 회생 2) __ 84

Chapter 3 한국 기업의 실패와 좌절

3-1 드러난 성장의 한계 __ 90

3-2 실패한 사장 __ 95

3-3 원칙 없는 경영 __ 100

3-4 진퇴양난의 CEO __ 105

3-5 취약한 리더십 __ 110

3-6 기본이 없는 회사 __ 115

3-7 성과주의 경영의 폐해 __ 121

Chapter 4 한국 기업의 재도약을 위한 아메바 경영 관점

4-1 성장의 조건 __ 128

4-2 생태계를 좀먹는 승자 독식 __ 132

4-3 성장 동력을 고갈시키는 주주 이익 중시 __ 137

4-4 독이 되는 지원 정책 __ 142

4-5 기업 생태계 선순환을 위한 과제 __ 147

4-6 한국 기업 재도약의 조건 __ 153

4-7 재도약의 틀 아메바 경영 __ 158

Chapter 5 한국에서 자생하는 아메바 경영

5-1 아메바 경영 확산 노력 __ 164

5-2 아메바 경영 새벽 모임 __ 169

5-3 우리나라 경영에 도전하는 아메바 경영 __ 173

5-4 실행으로 연결하는 아메바 경영 __ 178

5-5 핵심은 사람을 키우는 것 __ 183

5-6 이직 걱정 없는 아메바 경영 __ 189

Chapter 6 대한민국 CEO여! 경영의 근본을 바꿔라!

6-1 직원에게 싫은 소리를 할 수 있는 회사 __ 196

6-2 현장과 직결된 회계 시스템 __ 202

6-3 매출의 획기적 확대를 위하여 __ 207

6-4 정당한 대우, 행복한 직장 __ 212

6-5 전 사원의 행복 추구 __ 217

에필로그 __ 222

프롤로그
[prologue]

제4차 산업혁명의 도래

프롤로그 1

제4차 산업혁명 시대의 도래

2016년 1월 스위스 다보스에서 열린 '세계경제포럼(WEF)'의 주요 의제로 '4차 산업혁명의 이해(Mastering the Fourth Industrial Revolution)'가 논의되었다. 이제는 전 세계적인 화두로 등장한 4차 산업혁명 시대의 도래를 반기는 시선도 있고 역기능을 우려하는 목소리도 높다. 이는 관심이 높아지는 것과 함께 미래에 대한 관점과 처지가 다른 주장 및 기대와 우려가 교차하기 때문인 탓일 것이다. 4차 산업혁명의 주창자인 클라우스 슈밥 WEF 회장은, 1차 산업혁명(1760~1840년)은 철도·증기기관의 발명 이후의 기계에 의한 생산, 2차 산업혁명(19세기 말~20세기 초)은 전기 에너지와 결합한 생산 조립라인의 출현에 따른 대량 생산, 3차 산업혁명은 반도체와 메인프레임 컴퓨팅(1960년대), PC(1970~1980년대), 인터넷(1990년대)의 발달을 통한 정보기술 시대로 특징지을 수 있다고 한다.

한편 3차 산업혁명을 기반으로 도래하는 4차 산업혁명 시대는 인공지능과 사물인터넷 등 정보통신기술(ICT)과 바이오 기타 각종 산업기술 등의 융합을 통해 산업 생산성이 급격히 향상되는 융합기술혁명 시대로서, 그에 따라 경제·사회 전반이 혁신적으로 변화될 것으로 예측된다. 초지능화(Hyper-Intelligent) 및 초연결된(Hyper-Connected) 4차 산업혁명 시대는 사회 변화의 폭과 규모, 변화 속도 및 복잡성 등의 측면에서 인류가 이전에 경험했던 것과는 전혀 다른 양상을 보일 것이라고 한다.

4차 산업혁명에 따른 변화의 모습을 어둡게 바라보는 한 흐름이 있다. 과거에는 기업의 혁신은 내부에서 일어나야 한다는 생각이 당연시되었다. 비교우위를 유지하기 위하여 강력한 혁신 체계를 구축하는 것을 지속 가능 경영의 기본으로 생각하였다. 하지만 내부 혁신의 속도가 급변하는 시장의 변화 속도를 따라잡지 못하는 현상이 점차 일반화된다.

기업이 시장의 변화를 따라가지 못하면서 기존 기업 경영은 물론 신규 창업도 점점 어렵게 된다. 아날로그적인 과거 비즈니스 모델의 무력화가, 창업의 대상, 방법, 조건을 바꾸어 과거 방식으로 이제는 창업 성공이 불가능한 현실이 도래한다. 이런 현실이 기업가 정신까지 사라지게 하고, 젊은이의 야심만만한 도전을 힘겹게 한다.

한편 미래의 애플, 페이스북을 정확하게 식별할 수 있는 역량이 오늘에 있을 수 없다. 그에 따라 4차 산업혁명에 대한 정부의 지원이 제때에 원활하게 이루어지지 아니할 우려가 높다. 나라마다 4차 산업혁명을 나름대로 대비하고 자원을 집중적으로 투입하고 있지만, 대처하는 방법론으로 들어가면 조금씩 관점이 다르다.

예컨대, 독일과 일본은 스마트 공장 시스템을 통하여 4차 산업혁명에 주도권을 쥐려고 한다. 미국은 애플과 구글 같은 기업혁신을 주도하여 본원적인 경쟁력을 유지하고, 영향력을 확대하려는 움직임을 보인다. 이러한 선진국의 모습에 비하여 우리나라는 아직 4차 산업혁명의 방향성과 현상을 분석하고 모색하는 단계에 머물러 있다.

또 하나의 커다란 우려는 변화에서 소외되는 현상이 일반화하면서 취업, 창업의 통로가 줄어든다는 생각이 굳어지고 경제의 허리인 중산층이 붕괴하며, 부가 편중되는 현상이 고착화되는 것이다. 대다수 젊은이가 미래의 희망을 포기하는 자조적인 모습은 결과적으로 사회의 연대감을 훼손시키고 사회불안으로 연결된다.

반면에 4차 산업혁명에 따른 긍정적인 변화 영역도 적지 않다.

먼저 도시 생활에서 삶의 질이 크게 향상될 수 있다. 기차나 비행기 등의 도착 시각이 실시간으로 제공되어 무작정 기다리는 시간에 대한 막연함이 사라진다. 관련 애플리케이션으로 버스 도착 시각에 맞춰 집에서 나설 수 있고, 비 오는 날에 비를 맞지 않아도 되는 등 편리함이 증대된다.

스마트 기기로 관리되는 건강·의료 영역의 변화는 생명의 연장, 건강한 삶에 크게 기여한다. 환경 분야의 위험 요소에 대한 체크리스트 운영, 나아가 화재 불꽃 정보를 탐지하여 스프링클러를 자동으로 제어하는 것과 같이 안전·재난 영역도 빠르게 개선되고 있는 영역이다. 아울러 산업경제 영역에서도 가령 스마트 공장 시스템은 산업 생산성을 획기적으로 높인다. 재고 없는 공장, 나아가 소비자 정보와 직결된 제조 공장도 현실로 다가왔다. 산업화의 역기능인 산업 재해와 공해 발생도 점진적으로 줄어가는 추세이다.

유통과 마케팅도 전통적인 대형마트, 백화점은 매출이 줄고 있지만, SNS와 연결된 소셜 네트워크 기반 마켓은 큰 성장세를 보인다. 나아가서 시장이 글로벌화되면서 국가 간 장벽은 낮아지고 세계를 대상으로 경쟁이 전개된다.

이러한 높은 변화 물결에 능동적, 적극적으로 대처해 나가는 사람을 디지털 노마드(Digital Nomad), 즉 디지털 유목민이라고 부른다. 변화하는 세계를 냉정한 시선으로 직시하고, 긍정적인 마인드와 따뜻한 가슴으로 변화에 능동적, 적극적으로 대처해가는 디지털 유목민의 자세가 요청된다. 우리 스스로가 새로운 관계와 소통의 주체가 될 때, 더욱 아름다운 미래를 만들어 갈 수 있다.

프롤로그 2

알파고 현상

2016년 말 이세돌과 알파고 간에 세기의 대국이 있었다. 전에도 각 분야에서 인공지능이란 말이 심심치 않게 들렸다. 하지만 이세돌과 알파고 간의 이번 대결만큼 사람들의 이목을 집중시킨 사건은 없었다.

바둑은 인류가 개발한 건전한 오락의 정수로 꼽힌다. 오랜 발전의 역사를 가지고 있으며, 일본에서는 '기도(碁道)'로 예술에 준하는 대접을 받고 있다. 중국에서 발원하여 한국을 거쳐 일본에서 꽃을 피웠다. 19세기 말 20세기 초의 불안한 국제 정세에도 불구하고, 중국인 천재 오청원의 혁명적인 시도로 오늘날 바둑체계로 바뀌게 되었다.
일본에서 전국시대부터 정권에서 지원하던 바둑은 가문 절기로 수백년 동안 비법이 공개되지 않고 세습되는 기예였다. 오청원이 주창한 새로운 관점과 신포석이 공개되면서부터, 바둑은 세습되는 비전절기의 차원을 벗어나 대중의 사랑을 받기 시작하였다.
1989년 5월 조훈현 9단이 바둑올림픽이라고 불리는 '제1회 응창기배 세계프로바둑선수권대회'에서 우승하였다. 당시 김포공항에서 마포까지 카퍼레이드를 하였는데, 변방의 한국 바둑이 세계 정상으로 등극한 가슴 뿌듯한 쾌거를 올드 바둑 팬이라면 생생하게 기억할 것이다. 조훈현이 열었던 세계 챔피언 계보는 서봉수, 유창혁, 이창호, 이세돌로 이어졌고 한국은 세계 바둑의 중심이 되었다. 그런 역사의 바탕 위에 우리의 이세돌과 구글의 알파고가 드디어 진검 승부를 겨루게 된 것이다.

1960년대에 이미 전문가들은 컴퓨터가 1980년 이전에 체스 챔피언을 이길 것으로 예측하였다. 논리형 고급 프로그래밍 언어인 프롤로그가 1973년에 발표되면서 그 예상은 정설로 굳어졌다. 하지만 인간의 지식을 데이터베이스에 쉽게 담을 수 있을 것 같았던 프롤로그로는 사람을 만만하게 이길 수 없었다.

예상보다도 20여 년이나 더 늦은 1997년에 비로소 IBM 슈퍼컴퓨터에서 작동하는 체스 프로그램인 '딥블루'가 세계 체스 챔피언인 게리 카스파로프를 이길 수 있었다. 딥블루는 체스에서 흑과 백의 움직임을 나타내는 수백만 개의 데이터를 철저히 탐색한 뒤, 상대방이 이길 가능성이 가장 적은 움직임을 선택했다. 실질적으로, 인공지능의 발전이라기보다는 컴퓨터의 속도가 빨라지고 메모리 용량이 커짐에 따라 얻은 하드웨어의 승리였다.

이때 주류 언론들은 컴퓨터가 바둑에서 사람을 이기기 위해서는 100년 이상이 걸릴 것이라고 보았다. 그 이유는 이랬다. 체스에서 한 경기를 둘 때 고려해야 하는 경우의 수는 보통 10의 12제곱 승으로 계산된다. 하지만 바둑에서 경우의 수는 명확하지 않았다. 구글은 바둑에서 경우의 수가 250의 150제곱이라 했고, 혹자는 10의 360제곱이라고도 한다. 어떤 경우든 실로 무수히 많은 조합과 배열을 할 수 있다는 의미가 된다. 그렇기 때문에 바둑에서는 체스 챔피언을 이긴 딥블루와 같은 무식한 방법이 통하지 않는다는 점을 컴퓨터 전문가는 알고 있었다.

그러나 이후에 사람처럼 스스로 학습하는 인공지능(Artificial Intelligence, AI) 기술이 발전되면서 이야기가 달라졌다. 알파고는 이 인공지능 기술을 장착하고 이세돌과의 바둑 대결에서 완승한 것이다. 인공지능이란 사고나 학습 등 인간이 가진 지적 능력을 컴퓨터를 통해 구현하는 기술이다. 아직은 사람처럼 자유로운 사고가 가능하여 자아를 지니고 있다고 볼 수 있을 정도로 강한 인공지능의 단계까지 개발이 이루어진 것은 아니다. 그렇지만 알파고를 통해 알 수 있듯, 특정 분야에서는 사람을 대체하여 최고의 전문가적인 판단을 충분히 해낼 수 있는 수준에는 이미 도달하였다. 의료분야에서 사용되는 IBM이 개발한 왓슨(Watson)도 그 한 실례이다.

구글이 인공지능 스타트업인 딥마인드를 2014년 인수한 후 이를 홍보하려고 세계적인 바둑 이벤트를 개최한 데는 전략적 이유가 있었다. 더 영리한 기계를 설계하기 위해 패턴 인식 및 학습, 계획 등과 같은 주요 주제들을 탐구하는 데 게임이 가장 이상적인 환경을 제공하기 때문이다. 더구나 그 게임이 그간 난공불락으로 여겨져 왔던 바둑이고, 두터운 애호가층을 보유하고 있는 인류의 유산이니 가히 '신의 한 수'였던 셈이다. 알파고를 계기로 사람들만 가능한 것으로 여겨졌던 고차원적인 학습과 진보의 메커니즘이 사람이 만든 기계에서도 작동한다는 공상과학 소설 속의 상상이 진지한 현실로 다가온 것이다.

알파고의 시대, 학습하고 성장하는 인공지능의 시대가 도래하였다. 새 시대가 바꾸어 낼 미래의 모습에 대해 현 단계에서 완벽하고 정확한 예측이 있을 수 없다. 그러나 도전하는 기업가, 창업자라면 미래의 모습을 치열하게 탐구하고, 새 시대의 변화에 적극적이고 능동적으로 대처하는 진취적인 자세가 반드시 요구된다.

찾아보면 다행히도 주변에는 미래를 준비하는 다양한 채널들이 있고 새로운 부가가치를 만들어낼 수 있는 비즈니스 모델 단서도 곳곳에 널려있다. 아메바 경영과 그 연구모임은 새 시대를 준비하는 기업가들에게 큰 도움이 될 것이다.

진취적인 자세로 새 시대를 열어나가는 디지털 노마드 기업가들에게 그 동반자로 아메바 경영을 추천한다.

Chapter 01

왜 아메바 경영인가?

1-1 아메바 경영의 매력

나는 33년 동안 중소기업진흥공단에서 중소기업 사장들과 수없이 교류하였다. 그 경험을 통하여 서구식 경영 이론의 한계를 절감하였고, 경영에는 정답이 없다는 깨달음도 얻었다.

하지만 허전하고 아쉬웠다. 몹시 아쉬웠다. 그래서 경영 이론을 공부하고 고민하면서, 늘 위기로 표현되는 우리 중소기업의 평가, 투자, 컨설팅 등에 공부한 최신 이론을 적용하여 보았다. 적중한 경우도 있지만 틀린 결과가 더 많았다.

가장 큰 실수는 IMF 사태 직후에 벤처 붐이 한창이던 2001년 12월, 초음파진단기 제조 전문 벤처기업 M사와 그 계열사의 채권 1천7백만 불(당시 원화 226억 원)을 인수하고 나서 단 한 달 만에 M사의 부도가 난 일이었다. 세상이 싫었다. 그 충격으로 나는 안면 마비 증세를 겪었고 한동안 삶에 의욕이 없었다.

나중에는 경영 이론은 책에서나 주장되는 것이고 현실과는 다른 것이라고 자조적인 푸념에 빠져들기도 하였다. 신앙의 힘으로 그 힘든 시기를 겨우 버텨냈고, 시간이 흐르면서 다시금 업무에 전념할 수 있었다.

그런데 실상 중소기업은 저마다 많은 문제를 안고 있고, 단 하나라도 문제없는 중소기업은 없다.

문제 있는 기업이라도 망하거나 도태되지 않고 생존하며 성장하는 특별한 비결은 없는 것일까? 이러한 문제의식 속에서 지금껏 금과옥조로 배웠던 기업에 관한 분석 틀을 다시금 비판적인 시각에서 바라보기 시작했다. 그리고 각 기업의 고유한 비즈니스 모델과 경영기법들도 유심히 관찰하기 시작하였다.

그러던 중 2005년 무렵 도서관에서 우연히 『이나모리 가즈오에게 경영을 묻다』라는 책을 접하였다. 경영 난제를 너무나 단순하게 설명한 이나모리 가즈오의 내공에 감복하고 무릎을 치게 되었다. 그 후 관련 서적을 소화해 나가면서, 현장을 이해하고 일관하는 그의 깊은 통찰에 반하였다. 급기야 '이나모리 가즈오 교'의 자생적인 국내 최초 신도임을 자처하게 되었다.

이나모리 가즈오가 주창한 아메바 경영은 경천애인(敬天愛人) 사상에 터 잡고 있다. 하늘을 공경하고 사람을 사랑하자! 이 단순한 모토에서 아메바 경영의 대덕(大悳)은 출발한다.

이나모리 가즈오는 "전 임직원의 행복을 물심양면으로 추구하고 인류의 진보와 발전에 기여한다."는 아메바 경영의 근본이념을 바탕으로 사람 사랑, 하늘의 도우심을 시종일관 주장한다. 아메바 경영을 통하여 일찍이 노사문제를 초월하는 철학적 큰 그림을 우리에게 제시한다. 우리 민족은 홍익인간(弘益人間)의 이념에 바탕을 둔 건국 설화를 가지고 있다. 아메바 경영의 경천애인과 우리의 홍익인간이 서로 일맥상통하는 이념이라는 것도 내가 아메바 경영에 매력을 느끼는 한 이유이기도 하다.

아메바 경영의 특징으로는 우선 전원 참가 경영을 추구한다는 점을 들 수 있다. 아메바 경영에서는 기업이 직원의 행복을 물심양면으로 추구하는 대가족 같은 운명 공동체이다. 직원 모두가 경영 이념과 경영 정보를 공유하면서 기업의 실태와 고민을 함께 나누며 전략을 구축하고 각각의 역할을 정한다. 독립채산제로 운영되는 소규모 분권형 아메바에 소속된 리더 또는 구성원으로서 각자 주인의식을 가지고 경영자의 마인드로 보람을 느끼며 자기 업무에 능동적, 적극적으로 임한다. 그리하여 경영진과 직원은 서로 대립하기보다는 오히려 하나가 되어서 고객 만족의 한 방향으로 회사의 역량을 집중할 수 있게 된다.

또 다른 특징은 부단한 인재의 양성에 있다. 인재 양성에 투자함으로써 모든 아메바의 구성원들을 장래의 아메바 리더로 준비시킨다. 상사는 부하를 사랑으로 지도하고, 부하는 상사를 공경하면서 실력을 기르고 성장한다. 성장을 자극하는 것은 교육을 통하여, 그리고 일을 통하여 더 깊게는 인간적인 교류를 통하여 이루어진다. 상호신뢰의 굳건한 바탕 위에 단단하게 기초를 세우고 인재가 가진 역량을 배양하여 함께 믿음의 성을 쌓는다.

나아가 아메바 경영은 시장과 직결된 관리회계 시스템으로도 유명하다. 시간당 채산 시스템을 통하여 직원 한 사람 한 사람의 성과가 당일 바로 평가된다.

공부하면서 점점 자료가 쌓이고 기업 평가와 진단을 넘어서 컨설팅 현장에 그의 이론을 적용하여 보니 성과가 상상 이상이었다. 2009년에 사장들을 대상으로 이나모리 가즈오를 소개하면서 아메바 경영을 설파하기 시작하였다. 연구 모임인 자생적 '세이와주쿠(盛和塾)'도 생겨났다. 세이와주쿠는 이나모리 가즈오를 연구하는 학습조직으로 전 세계적으로 100개 이상이 활동하고 있다.

나는 상처 받고 힘들어하는 모든 사장님께 확신을 가지고 강권한다.

"함께 아메바 경영을 배워 봅시다."

"중소기업이 장수하고, 몸담은 식구도 행복한 세상을 만들어 봅시다."

"그래서 일하는 모든 사람이 함께 성장하고 발전하면서 인류의 진보와 발전에 기여하는 큰 세상을 만들어 나갑시다!"

1-2 살아있는 경영의 신

누구나 한 번쯤은 들어 보았음 직한 '피터 드러커(Peter Ferdinand Drucker)', '앨빈 토플러(Alvin Toffler)', '마이클 포터(Michael Eugene Porter)' 등은 경영학의 개념과 체계를 잡은 큰 스승 내지 구루들이다.

피터 드러커는 현대 경영학을 창시하고 체계적으로 정립한 사람으로 평가된다. 기업 구조를 기능별로 정의하였고, 사회의 기본 조직으로서 기업이 가진 본질을 정의하였다. 기업은 경제적 조직으로 영리를 추구하는 한편, 사회적 조직으로서 고객을 찾고 시장을 창출하는 역할을 해야 한다고 규정하였다. 경영자는 경제적 재원을 효율적으로 관리하고 운용함으로써 경제적 성과를 산출하는 주체로 보았다. 미래에 지식사회가 도래하므로 지식인으로서 준비하는 방법을 설파하였다.

앨빈토플러는 『제3의 물결(1980)』에서 정보화 혁명과 전자정보화 시대를 예견한 것으로 유명하다. 그는 정보화 사회에서는 지식이 권력의 원천이 되며, 물리력이 저급 권력이라면 지식은 고급 권력이라고 하였다. 기업은 시속 100마일로 달리는데 정부는 25마일, 정치조직은 3마일, 법은 1마일로 변화하므로 공공부문과 주요제도의 시의

적절한 정비와 개선이 뒷받침되지 않는다면 부를 창출하는 기업의 잠재력이 제대로 발휘될 수 없다고 주장하였다.

마이클 포터 하버드대 교수는 경영 전략과 국가 경쟁력 연구의 최고 권위자이다. 오늘날 세계는 부의 편중, 환경오염 등 여러 가지 사회적 문제에 직면해 있는데, 마이클 포터는 기업 본연의 역할을 재정립해 현재 드러나는 위기를 극복할 것을 주장한다. 그는 특히 기업의 새로운 역할로 공유가치의 창출(CSV: Creating Shared Value)을 강조한다. 과거의 기업들은 이윤추구를 위해 주민과의 상생이나 근로자의 안전, 환경보호와 같은 사회적 가치를 외면하거나 소홀히 하였다. 그 결과 기업과 사회의 갈등이 증폭됐다. 이를 해소하기 위해서 그는 앞으로 기업의 비즈니스 모델은 사회적 가치를 적극적으로 반영하여 기업의 이윤추구 과정이 동시에 사회적으로 공유되는 공익적 가치의 창출과 함께 이루어져야 한다고 역설한다. 이제는 기업도 사회문제 해결의 적극적인 주체가 되어야 한다는 것이다.

우리나라의 이병철 회장, 정주영 회장 등은 투철한 기업가 정신으로 세계적인 기업을 일구어낸 경영계의 입지전적인 거목들이다.
정주영 회장의 어록 중에 '임자! 해보기나 해봤어?'라는 말은 지금도 인구에 회자되는 명문장이다. 불도저로 상징되는 그의 불굴의 도전정신은 지금도 우리 경제의 저변에 살아 숨 쉬는 고귀한 유산이 아닐 수 없다.
이병철 회장은 당신의 일 중 8할이 사람을 찾고 키우는 것이었다고 회고하면서 '사업 보국', '인재 제일'을 유훈으로 남기셨다. 그의 일관된 사람 양성 지론에 힘입어 삼성전자는 오늘날 글로벌 리더로 자리 잡았고, 우리 경제의 든든한 버팀목이 되고 있다.

일본에서는 누구를 위대한 경영 리더로 기억할까? 일본인들은 사람에게도 '신'이라는 칭호를 붙이기 좋아하는데, 경영계에서는 혼다 소이치로, 마쓰시타 고노스케, 이나모리 가즈오 등이 신이라 불린다. 혼다 소이치로는 1906년 시즈오카현의 한 가난한 집에서 태어나 자전거포 견습공부터 시작하였다. 22세에 하마마쓰에서 자동차 수리공으로 독립한 후 기존과 다른 엔진과 액세서리 개발에 몰두한 괴짜였다. 태평양 전쟁 패전 후 혼다는 기술연구소를 만들고 엔진부착 자전거 '바타바타'를 세상에 내놓아 크게 성공하였다. 연이어 혼다기연(1949)을 창립, 오토바이를 통하여 전 세계에 이름을 떨치는 정상의 메이커가 되었다. 여기에 그치지 않고 자동차로 진출하여 세계적인 자동차 제조사로서의 자리를 굳혔다. 1973년에 퇴임하여 2001년 84세를 일기로 타계한 혼다의 DNA는 '도전'으로 정의할 수 있겠다. 혼다는 노래 부르듯이 창업정신을 기쁨으로 표현하며 만드는 기쁨, 영혼이 서린 제품을 파는 기쁨, 그리고 그 기쁨이 담긴 제품을 사는 기쁨을 역설하였다. "철학 없는 행동은 흉기이고, 행함이 없는 철학은 무의미하다." 혼다는 철학과 혼을 제품에 담는 것이 중요하다고 역설하면서, 기업 경영은 비전, 전략, 리더십을 결합하여 철학에 도달하는 것이라고 하였다.

마쓰시타 고노스케 역시 고난과 역경을 넘어선 경영의 신으로 추앙받았다. 그는 와카야마현 출신의 마쓰시타 전기 창업자로서, 20대에 창업, 30~40대에 경제계의 지도자로 자리를 잡고, 50~60대에는 경영 혁신 전문가로, 70~80대에는 '마쓰시타 정경숙(政經塾)'을 세운 교육가로, 끊임없는 변화와 도전으로 경영의 신다운 거인의 발자취를 후세에 남겼다. 마쓰시타 회장의 다음과 같은 말년의 회고는 유명하다. '나는 세 가지 하늘의 큰 은혜를 입고 태어났습니다. 먼저는 가난하게 태어났습니다. 그래서 일찍부터 세상에 나와 점원으로 돈 버는 기술을 배워서 자수성가할 수 있는 기반을 빨리 마련하였습니다. 둘째는 병약하게 태어났습니다. 그래서 어려서부터 건강에 관심을 기울이고 섭생을 조심했습니다. 지금까지 장수한 것이 다 그 은혜 때문입니다. 셋째, 나는 초등학교 4학년이 배움의 전부로 많이 배우지 못하였습니다. 그래서 타인의 말과 행동을 허투루 듣고 보지 않고 경청하여 지금은 경영의 신으로까지 불리고 있습니다.'라고 하였다. 그의 어록에 '지금 당장 하지 않으면 언제 하겠는가?'라는 말이 있는데, 아직도 우리에게 깊은 울림을 준다.

이나모리 가즈오도 '살아있는 경영의 신'으로 추앙받고 있다. 아메바 경영을 창시한 그는 1959년 교세라 창업 이래 매년 10%가 넘는 두 자릿수 영업 이익을 유지하였다. 아무리 불황이 닥쳐와도, 잃어버린 10년과 같은 버블이 꺼지는 시기에도 변함없이 경영의 질을 유지한 것이다. 말과 행동이 일치하는 수도승 같은 삶의 모습에서도 깊은 존경을 받는다. 그가 노소, 빈부, 교육의 다과, 지역을 떠나서 일본인 대다수가 공감하는 스승을 넘어 신의 경지로까지 추앙받는 이유로는 일단 다음과 같은 세 가지를 들 수 있다.
첫째는 경천애인(敬天愛人)을 실천하는 실행력으로, 그는 기업 경영에서도 늘 인간으로서 바른 일을 추구하고 실천하는 데 최선을 다하였다.

둘째는 정직하고 투명한 경영을 들 수 있다. 그는 경영 정보를 공개하고 직원들과 서로 공감하면서 동의를 구하는 지도자의 모습을 실천하였다.

셋째는 회사의 이익 추구에서 한 걸음 더 나아가 인류의 진보와 발전에 기여하는 공동체를 추구하는 '대의명분'에 입각한 경영을 한다는 것이다. 그의 경영 방식에 많은 사람이 동의하여 '세이와주쿠(盛和塾)'에는 손정의를 포함하여 일본에서 내로라하는 1만여 CEO들이 함께 삶을 나누고 배움의 길에 동참하고 있다.

국론이 갈리고, 성장 잠재력은 고갈되었다고 생각되는 지금이 바로 세이와주쿠와 같은 깊이 있고 경영 본질에 천착하는 CEO 학습공동체가 우리나라에 절실하게 필요한 시점은 아닐까.

하지만 아직 우리나라에는 이나모리 가즈오와 그가 주창하는 아메바 경영이 비중 있게 알려지지는 않았다. 이 사실이 내가 아메바 경영에 도전하는 계기이기도 하고, 그래서 어깨가 무겁기도 하다. 한편으로 할 일이 많아서 도전자의 자세로 신발 끈을 단단히 매고 출발하는 모양새가 행복하고 기쁘기도 하다.

어찌 보면 이나모리 가즈오는 한국과 상당히 가까운 분이라고 할 수 있다. 그는 한국 농업 근대화의 아버지이자 씨 없는 수박으로 유명한 우장춘 박사의 사위이다.

보다 많은 사장님이 마음을 열고 경영에 관한 그의 생생한 체험을 공유하면서 행복한 경영을 하는 세상을 기대한다.

1-3 교세라와 이나모리 가즈오

경영학이 학문 세계에서 인정되고 대학의 정식 과목으로 등장한 것은 비교적 최근의 일이다. 앨프레드 마셜의 오랜 노력으로 경제학과가 영국 대학에 정식으로 개설된 것이 1903년이니, 두말해서 무엇하랴. 과거에는 경영은 그저 돈 버는 기술 정도로 하찮은 취급을 받았다.

피터 드러커가 1954년에 발표한 경영의 실제 (The Practice of Management)는 초기 경영학계와 기업인들에게 큰 영향을 미쳤다. 전통 경영 기법을 뛰어넘어 경영에 대한 구체적인 개념과 원칙을 정립하여 지금까지 경영학의 바이블로 여겨지며, 미국에 MBA 과정이 폭발적으로 만들어지는 뇌관 역할을 하였다.

걸출한 이론가로서 마이클 포터, 필립 코틀러(Philip Kotler), 짐 콜린스(James C. Collins) 등 경영학 교수가 기업을 컨설팅한 사례를 경영학 교과서의 출발로 보는 흐름이 존재한다. 이들에게 배운 한국의 대학교수들이 이들 이론서를 집중적으로 보급하였다.

반면에 우리의 대기업을 만들고 경제적 부를 일구어낸 정주영, 이병철, 최종현 회장은 기업가 정신의 측면에서 본받을 점이 많고, 경영세계를 빛내는 큰 별이지만, 그들의 경영 방법론을 정립하고 소개한 책자는 많지 않아 안타깝다. 오히려 우리나라의 대학보다 해외의 하버드 대학이나 스탠퍼드 대학에서 이분들의 케이스를 강의하며 사례로 소개한다. 역설적이게도 한국의 경제발전을 이끈 이들의 기업가 정신과 탁월한 업적이 도리어 외국에서 높이 평가되고 있는 실정이다. 이웃 일본에서는 우리와 달리 유명한 경영인들이 경영 강좌도 개최하고, 또 이들을 연구하는 모임도 많다. 앞 장에서 소개한 세 분의 경영의 신, 파나소닉 창업자 마쓰시타 고노스케, 혼다 자동차 창업자 혼다 소이치로, 교세라 창업자 이나모리 가즈오 역시 열렬한 추종자 그룹이 있으며, 그들의 기업 경영 방법론에 대한 연구 역시 활발하다.

혼다 소이치로와 마쓰시타 고노스케가 타계한 이후, 자연스럽게 이나모리 가즈오는 살아있는 경영의 신으로 추앙을 받고 있다.
그의 경영 방법론과 리더십은 일본 경영계를 넘어 일반 국민들에게까지 널리 알려져 있다. 지난 2013년에 참가했던 오사카 국제회의장에서의 국민 강연회는 오후 4시에 열렸다. 아침 9시부터 오사카 국제회의장 광장을 가득 메운 참가자로 인하여 안내 경찰만 수백 명이 동원되는 장관을 보고 그 열기를 실감했다. 새삼 이나모리 가즈오의 대중적 인기와 교세라에 대하여 인식을 달리하는 계기가 되었다.
왜 일본사람들은 이나모리 가즈오에 열광하는지 일본 경영인을 만날 때마다 물어보아 정리한 바에 의하면, 그가 인간의 본질을 경영에 접목하는 새로운 시도를 했고, 본인이 그런 삶을 살았기 때문이라고 생각된다. 이나모리 가즈오는 경영 효율성보다 인간의 도리를 우선해야 한다고 강조한다.

그가 일관되게 주장하는 경영원칙은 다음과 같다.
첫째, 사회의 어두운 곳에 손을 내민다.
둘째, 인간으로서 도리를 말한다.
셋째, 어려움을 참아내고 극복하는 도전 정신을 DNA로 보유한다.
넷째, 문제의 근원을 파고든다.
다섯째, 직원을 공평하게 대하고 인재를 양성한다.
여섯째, 대의에 근거하여 공동체의 발전을 위한 큰 그림을 그린다.
변하지 않는 이 원칙은 철학(일본에서는 '필로소피'로 표현한다)으로 승화된다. 회사직원과 그를 따르는 세이와주쿠 회원은 이를 수첩으로 만들어서 가지고 다니면서 회의에 앞서 낭독하며 그 정신을 습관화하려고 노력한다.

고향 가고시마에서 그의 성장 과정은 평범하기 그지없었다. 중학교 때 폐결핵으로 학업을 중단하기도 하고, 명문대 입시에 실패하여 지방대인 가고시마대학교 화공과에 진학한다. 졸업 무렵인 50년대 중반은 패전으로 인한 혼란기로 취업이 여의치 않아서 망해 가는 중소기업에 겨우 발을 들여놓게 된다. 연구원으로 출발하여 신제품 개발에 공을 세웠으나 노조와의 대립, 상사와의 갈등으로 거기서도 주목을 받지 못한다. 결국, 장래성 없는 회사를 떠나 교세라를 창업하게 된다.
교세라는 1959년 4월 교토시 나카교구에서 교토 세라믹 주식회사라는 이름으로 설립되었다. 출자자는 이나모리 가즈오의 품성과 실력을 주목하던 상사 아오야마 마사지(青山政次, 후에 교세라 사장)와 함께 근무하던 동료였다. 자금이 없었기 때문에 처음부터 지혜를 짜내 원가를 줄이고, 신제품을 만들어 내는 것 외에 다른 길이 없었다. 국내에서 수주를 받을 수 없는 환경을 극복하기 위해 일찍부터 세계시장으로 눈을 돌린 것이 오늘 교세라가 글로벌 기업으로 성장하는 계기가 되었다. 1971년 10월 도토증권거래소(현 오사카 증권거래소)에 상장되어, 1974년 2월 오사카 증권거래소 2부에서 1부로 승격하였다. 1982년 10월 사명을 교세라 주식회사로 변경하였다. 현재는 스마트폰, 태양광 발전 시스템, 파인 세라믹 전자 부품, 반도체 부품, 광통신 부품, 프린터 및 복사기, 산업용 공구, 의료 재료 등을 생산하는 직원 6만9천 명, 매출 1조5천억 엔(2016년)에 달하는 글로벌 그룹이다. 1959년 창업 이래 수많은 환경 변화와 도전을 이기고 교세라는 매년 영업이익 10%대 성장을 유지하면서, 단 한 번도 적자를 기록하지 않았다.

이나모리 가즈오는 교세라를 성장시킨 비결인 아메바 경영 기법을 혼자만 알고 있지 않고 남들과 널리 공유하였다. 피땀 흘려 터득한 경영비결을 아무런 대가 없이 다른 경영인들에게 제공하여 많은 존경을 받고 있다.

교세라 내부에는 독립적으로 운영되는 최소 경영조직인 아메바가 3,000개 이상 활동하고 있다. 이 아메바는 증식을 멈추지 않는다. 회사 전체의 매출 실적이 당일 집계되고, 아메바별로 당일의 실적이 시간당 채산으로 계산되어 각 구성원에게 고지된다. 다음 날 이 배분된 경영 정보를 모든 임직원이 공유한다. 이처럼 모든 아메바의 실적이 매일 매일 낱낱이 공개된다.

이런 과정을 통하여 실적이 부진한 부서는 만회를 위한 개선 방법론을 진지하게 숙의하고 함께 노력하면서 역량이 강화된다. 전 임직원이 자기 업무에 만족하고 행복을 느끼는 가운데 이런 활동에 매일 열과 성을 다한다고 생각해 보자. 얼마나 시너지가 나고 일하고 싶어지겠는가? 경제인이라면 숫자를 본능적으로 좇게 되어 있다. 목표를 달성한 아메바는 즐겁고, 달성하지 못한 아메바는 분발하게 된다.

교토에는 일본전산과 같이 세계적으로 유명하면서도 독특한 기업이 즐비하게 포진하고 있다. 교세라는 이들의 맏형 격이다. 다른 곳에 있는 토요타나 미쓰비시, 도시바 등과는 경영의 본질을 달리하는 회사들이다. 물론 교세라보다 먼저 세상에 이름을 날린 닌텐도 등 유명 기업도 있지만 독특한 아메바 경영을 통한 교세라의 성공은, 일본뿐 아니라 서구에서도 특별한 성공 사례로 다루어지고 있다. 무모해 보이기까지 하는 이나모리 가즈오의 인간에 대한 신뢰, 제도나 환경에 굴복하지 않는 끝없는 도전 정신에 입각한 그의 아메바 경영을 우리나라에 소개할 수 있어서 기쁘다.

1-4 아메바 경영 개요

아메바는 단세포 동물로서 환경 적응의 대가로 일컬어진다. 아메바 경영은 이런 아메바의 뛰어난 환경적응성과 생존 특성에 착안하여 이나모리 가즈오가 자신의 경영 기법을 가리키는 말로 창안해낸 용어이다.

아메바 경영에서 말하는 아메바란 회사 조직을 최소 단위로 나누어서 책임을 지고 경영하는 단위 조직을 지칭한다. 아메바 경영의 근본 철학은 경천애인(敬天愛人)이다. 인간 중심의 특별한 경영 방법과 탁월한 성과로 하늘을 공경하고 사람 사랑을 실천한다. 널리 인간을 이롭게 한다는 우리의 홍익인간(弘益人間) 이념과 일맥상통하는 측면이 없지 않다.

아메바 경영은 교세라를 경영하면서 자연스럽게 만들어진 실천적인 방법론이며, 시행착오를 거듭하면서 진화하는 과정을 거쳐 오늘에 이르렀다.

이나모리 가즈오는 창업 첫해부터 이익을 내고 계속 성장하면서 고민이 커졌다. '어떻게 하는 것이 대의와 도리에 어긋나지 않는 것일까?' 하는 추상적인 문제에서 시작해서, 구체적으로는 경영의 실제를 표현하는 수치에 대한 계속된 의문을 이해할 수 있을 때까지 질문함으로써 관리회계의 본질을 찾아가게 되었다.

기업 구조를 부가가치를 내는 최소 단위 조직인 여러 아메바로 나누고 아메바별로 책임 경영을 함으로써 매출은 최대로 달성하고, 비용은 최소로 절감하여 이익을 점차 늘려나간다. 어떤 경제 환경에서도 이익을 얻을 수 있다는 믿음을 바탕으로 전 임직원의 행복을 물심양면으로 추구하고 나아가 인류의 진보와 발전에 기여한다는 비전을 세우게 되었다.

아메바 경영은 각 아메바에서 최대한 매출을 끌어올리고 경쟁력 있는 가격을 유지함으로써 고객과 함께 발전해 나가는 상생 경영방식이다. 아메바별로 전원 참가 경영과 리더 양육체계를 구현하여 내부 인력이 성장하여 다음 리더가 됨으로써 조직 역량이 자라고 조직이 건전하게 운영된다.

아메바 조직은 기능별 아메바로 구분하여 운영하고, 아메바는 고정된 것이 아니라 시장 변화, 고객과 환경 변화에 맞게 유연하게 조정된다. 회사 조직 면에서 본다면 우선은 외부 수주와 매출을 담당하는 영업 아메바가 존재할 수 있다. 다음은 내부 제조, 외부 조달 등 상황에 맞게 제조 부문 아메바가 최소 단위로 분화되어 운영된다. 구매단위 아메바는 수주에 근거하여 합의된 제조 스케줄에 맞춘 조달을 하게 된다. 간접 아메바로서 연구 개발 부문 아메바도 중요하게 여겨진다. 교세라는 출범부터 벤처기업을 지향하여 기존 부품의 단순화, 다기능화, 고도화를 통하여 성장하였기 때문에 제조 부문과 연구 개발 부문의 협업과 협력은 아주 긴밀할 수밖에 없다. 바로 실행에 옮길 수 있는 공정의 개발에는 제조 아메바와의 협력이 중요하고, 신제품의 개발은 영업 아메바와 연구개발 아메바간의 협력이 절대적으로 필요하다. 간접 부문으로서 지원 부서도 중요한 기능을 수행하는데 비용을 통제하기 어려운 부문이기도 하고 변화를 수용하는 데 일정한 관성이 존재하기도 한다.

아메바 경영은 아메바별로 달성한 이익을 각 사람의 근로시간으로 나눈 시간당 채산표에 의한 관리회계 시스템으로 유명하다. 시간당 채산제는 전술한 전원 참가 경영 및 인재 육성 시스템과 함께 아메바 경영의 주요한 특징으로 널리 알려져 있다.

아메바 간에는 다음 공정으로 제품과 서비스를 넘길 때 가격을 계산하여 양측이 매입과 매출 가격을 합의한다. 모든 아메바의 매출에서 비용 전체를 차감하면 아메바가 얻은 총 부가가치가 된다. 이것을 특정 아메바 구성원의 총 근로시간으로 나누면 아메바 구성원 각각의 시간당 부가가치, 즉 시간당 채산이 나오게 된다.

이 경영 활동 성과를 항상 금액으로 환산하여 표시한다. 매출, 매입은 금액으로 환산할 수 있지만, 근로의 부가가치는 표현하기 쉽지 않으므로 인건비를 계산하는 것은 제외하고 나머지를 합계로 표시한다. 각 아메바의 총 부가가치를 그 아메바 구성원 모두의 합계 근로시간으로 나누면, 각 아메바의 구성원이 벌어들인 시간당 채산이 되는 것이다.

한편 시간당 채산을 결정하는 총 매출에 각각의 아메바가 기여한 비중 산정은 회의체를 통한 최적 생산을 위해 합의한 의사결정에 따른다. 분배 최적화를 위해서는 아메바별로 서로 다른 의견을 조율하는 것이 선행되어야 하는데, 이 과정이 중요하고 서로 다른 아메바를 이해하고, 용납하는 이타 경영 철학의 출발이 된다.

아메바 경영에서 소통과 단합 통로가 되는 회의체를 보면 다음과 같다.
가. 월별 실적 회의
나. 아메바별 문제점 개선 회의
다. 월간 계획과 달성하는 방법 공유 회의
라. 아메바별 비전과 목표를 공유하는 부정기 회의
마. 매일 조례
조례 순서는 아침 인사, 출결 확인, 실적 진척과 예정 보고, 연락 사항, 경영 이념 수첩 윤독 순으로 진행한다.
바. 회사 전체 친목회, 아메바별 수시 모임
이러한 다양한 공식·비공식의 의사소통 채널을 통하여 회사의 모든 생각이 하나로 결집되고 고객의 변화를 회사의 각 부문에 즉각 전달함으로써 경영환경에 조직이 적응하고, 이에 따라 고객의 정보를 근거로 조직 역량을 새롭게 갱신해 나가는 것이다.

경영에 있어서 규율과 규정, 법과 제도를 문서로 모두 규정할 수는 없는 노릇이다. 아메바 경영 활동은 구성원의 의도와 생각을 하나로 모으는 과정에 집중하여 부족한 자원을 시장 변화에 근거하여 배분함으로써, 경쟁력 있고 전망 좋은 시장으로 회사 역량을 이동시켜 나가는 과정을 반복한다. 이 과정은 미래 사실을 현재에 예측하여 선제적으로 아메바가 활동하는 것으로 '기업 활동 근저에는 어떤 생각의 틀이 존재하는가' 하는 실존의 문제, 철학적인 물음으로 귀결된다. 아메바 경영은 '인간으로서 무엇이 옳은가?'를 먼저 물어보고 실행에 옮기는데 그 바탕에는 공평, 공정, 정의, 용기, 박애, 겸허, 성실 등이 자리하고 있다. 아메바 경영은 가족과 같이 서로를 파트너로 여기는 공동체를 지향한다. 사람이 모인 조직이므로, 상사는 사랑으로 아랫 사람을 보살피고, 부하는 윗사람을 인정하고 존경하며 그들의 경험을 공유하여 더 넓은 사업의 세계로 기업을 성장시켜 나가는 것을 대원칙으로 한다. 인간의 품성에 기반을 둔 경영, 세상을 더 나은 곳으로 변화시키는 진보와 발전에 기여하는 기업을 지향하는 아메바 경영은 이미 성과를 통하여 검증된 매력적인 경영 기법이다.

이런 인간 친화적이고 아름다운 경영 기법이 바로 옆 나라 일본에서 진화하고, 공유되고 있다. 이 비결을 따라 배워서 우리 기업도 인간 친화적이고 아름다운 경영현장으로 바꾸어 봄직하지 않은가.

1-5 아메바 경영 철학

아메바 경영은 철학을 강조한다. 이나모리 가즈오는 '필로소피'라는 단어를 교세라에 주입하고 이 단어를 회사의 실정에 적합한 원칙으로 풀어서 현장으로 만들었다. 아메바 경영은 전 임직원의 행복을 물심양면으로 추구하고 인류의 진보와 발전에 기여한다는 큰 그림을 그린다. 대의에 따라 명분이 있어야 기업 활동을 시작할 방향을 정한다.

이에 도달하는 방법론을 조목조목 정리한 수첩을 만들어서 이를 임직원 모두가 소지하고 기회 있을 때마다 읽는다. 이런 과정을 통하여 아메바 경영이 추구하는 이상을 전 임직원이 공유하는 것이다.

아메바 경영 철학은 경영 12개 조로 구체화한다. 아메바 경영의 회계 시스템을 만든 '모리타 나오유키'가 밝히는 경영 12개 조는 아래와 같다.

하나, 사업의 목적과 의의를 명확히 한다.

사업의 목적과 의의가 분명하지 않으면 제대로 된 목표 설정이 어렵고 사업이 산으로 갈 우려가 다분하다.

둘, 수치화된 구체적인 목표를 설정한다.

숫자로 된 구체적인 목표 없는 조직은 비용이 낭비되고, 경영은 표류할 수밖에 없다.
셋, 마음에 강렬한 소망을 품는다.
목표 달성을 위하여 함께 마음을 다잡는다.
넷, 누구에게도 지지 않을 정도로 노력한다.
목표는 버거운 것이다. 노력을 통하여 버거운 목표를 달성하고 또 실력도 향상된다.
다섯, 매출을 최대로, 경비를 최소로 한다.
비즈니스의 핵은 매출을 늘리고, 비용을 최소화하는 것이다. 그 차액이 이익으로 주주에게 배당되고, 임직원의 임금인상과 성과급의 확대로 이어지고 회사에 유보되어 내일의 성장에너지가 된다.
여섯, 가격 결정이 경영의 핵이다.
이나모리 가즈오는 누누이 가격 결정이 경영의 마지막 고민이라고 말한다.
일곱, 경영에는 강한 의지가 필요하다.
외부의 환경, 여론을 돌파할 수 있는 흔들리지 않는 굳은 의지를 함께 소유한다.
여덟, 경영에는 투혼이 필요하다.
이나모리 가즈오는 경영자는 모름지기 격투기 선수와 같은 투혼이 있어야 한다고 강조한다.
아홉, 용기를 내서 일에 부딪친다.
도전에는 용기가 수반되어야 한다.
열, 항상 창조적으로 임한다.
남과 동일한 방법에만 의존하면 원가 압박이나 예상하지 못한 신제품 등장으로 시장을 잃을 위험이 상존한다.
열하나, 남을 헤아리는 마음으로 성실하게 실천한다.
경영에도 역지사지가 필요하다.
열둘, 밝고, 긍정적이며, 성실하고, 순수하고 희망적인 마음으로 일한다.

아메바 경영이 철학을 강조하는 이유는 기업은 기본적으로 사람들이 모인 공동체, 인간 집단이기 때문이다. 다른 각도에서 인간 속성을 규명한 학자의 논지도 아메바 경영과 함께 생각해 볼 수 있다. 관점은 다를지라도 인간 욕구의 마지막은 대체로 이타적인 경지를 논하는 철학으로 이어진다.

아브라함 메슬로우(Abraham Meslow)는 인간이 생리적 욕구와 안전 욕구에서 시작하여 사회적 욕구로 그 저변을 넓혀 나간다는 욕구 단계설을 설파하였다. 이나모리 가즈오는 욕구단계설을 따로 배우지 않았을 것이다. 그럼에도 그의 아메바 경영은 고객에게 가치를 공급하고, 고객에 만족을 주고, 고객과 함께 성장하는 이타적 욕구를 경영 현장에서 실현하고자 한다.

이나모리 가즈오는 성과를 내는 방정식을 발표하여 많은 지지와 호응을 얻었고 강단의 여러 교수님도 이 방정식을 차용하여 사용한다. 그에 의하면 성과는 사고방식과 열정과 능력의 곱이다(성과 = 사고방식 x 열정 x 능력).

이 중 가장 중요한 것이 사고방식인데, 사고방식은 1~100까지의 단계가 있다고 보면서, 사고방식에는 마이너스 단계도 있다고 하였다. 사고방식이 잘못된 사람은 열정과 능력이 출중할수록 회사에 손해를 끼치는 사람이라고 한다.

다시 말해서 열정 100, 능력 100인 사람의 사고방식이 –1이면 성과는 –10,000이 되는 것이다. 또한, 사고방식은 참 건전한데 열정과 능력이 좀 미흡한 경우 사고방식 100, 열정 50, 능력 50이라면 총 250,000만큼의 성과를 낸다고 설명한다. 따라서 '바른 사고방식, 인간의 도리'가 매우 중요한 경영 지표가 되는 것이다.

이런 의미에서 아메바 경영은 아브라함 메슬로우가 주장한 욕구 단계설의 변증 사례 중 하나라고도 할 수 있다.

장사꾼과 경영인을 구분하는 경계도 철학이 있는지로 나눌 수 있다. 철학이 없는 장사꾼은 기업 경영의 목표를 자신만의 이익에 두고, 그 이익을 달성하는 데 수단과 방법을 가리지 않는다. 불법과 부정, 그리고 단기간 성과를 위해서 욕심을 부리고 기업이 공동체라는 사실을 잊어버리는 것이다.

인간의 도리와 공동체적 가치를 등한시하고 자기만의 이익 관리에 집중하는 경영자와 구성원은 서로 불신과 불만을 품게 된다. 나아가 고객과 유리된 구성원 각자가 상도의를 저버림으로써 회사의 문제가 밖으로 불거지고 조직의 와해로 귀결된다.

이나모리 가즈오는 고객이 대가를 지불할 때 기쁜 마음으로 지급하는 최고의 가격을 찾아내고 그 가격을 결정하는 것을 경영의 핵심이라고 말한다. 고객이 기쁜 마음이 되기 위해서는 그 가격이 합리적이면서도 차별적인 가치를 제공하여야 하니 쉽지 않은 일이다. 따라서 고객에 제공하는 것은 단순한 제품이나 서비스가 아니고 정성과 최선의 배려를 담은 가치이다.

아메바 경영도 물론 경영이익을 목표로 한다. 경영이익은 전 임직원의 행복을 추구하는 데 꼭 필요한 원천이기 때문이다. 다만, 그 이익 추구는 위와 같은 인간적이고 이타적인 경영 철학의 바탕 위에서 이루어진다.

1-6 아메바 경영 원리

1950년대부터 경영학과 회계학의 결합으로 경영 부문별 고찰이 구체화하였다. 먼저는 고객에 대한 관점에서 시장과 경쟁력에 대한 분석이 이루어졌다. 두 번째는 핵심가치에 대한 규정과 핵심가치를 고객에 전달하는 방식에 대한 연구가 이루어졌다. 세 번째는 핵심가치를 뒷받침하는 핵심활동(Key Activity)에 대한 정의가 이루어졌다. 네 번째는 부족한 자원을 어떻게 효율적으로 배분하는 것이 옳은가를 규명하는 자원 준거 관점(Resource Based Management)이 주요 연구 대상이 되었다. 다섯 번째는 재무적 관점에서 매출을 최대로 올리고 비용은 통제하는 방법론이 연구되었다.

이러한 경영학 방법론에 더하여 사람의 속성을 연구하는 인간관계론, 조직론을 아우르는 인적자원 준거 관점이 추가되면서 경영학의 대체적인 얼개가 만들어졌다.

다양한 관점과 정답이 없다는 사실이 경영학이 매력적인 점이다. 실제와 이론이 일치하지 않는 경우도 빈번한 점 또한 경영학의 학문적 논쟁이 계속되는 이유이다.

아메바 경영은 모든 조직원이 능동적으로 참여하는 산업 혁신 활동, 산업 평화를 추구한다. 이나모리 가즈오는 인간의 선한 마음에 기초를 두고 한 사람 한 사람이 각각 기업의 리더라는 생각을 가지도록 변화시켜 창발력을 자극하는 경영을 이상적인 경영으로 보았다.
그 과정에서 이나모리 가즈오가 지켜나간 몇 가지는 원칙은 다음과 같다.

하나, 현금 베이스 경영을 지향한다.

둘, 당월, 당주, 당일 시점에서 경영 활동을 인식하고, 일대일 대응으로 물류와 전표를 일치시킨다.

셋, 이익을 극대화하는 근육질 경영을 추구한다.

불필요한 군살이 없는 근육질 경영을 추구하며 부실재고나 잉여설비 같은 여분 자산을 최소화한다. 필요한 것을 필요한 때 필요한 만큼만 구매함으로써 여분 자산의 관리비용과 보유 리스크를 줄인다.

넷, 완벽주의를 추구한다.

수주에서 생산, 그리고 최고의 제품과 서비스를 제공하기 위하여 한 사람 한 사람이 최선을 다한다.

다섯, 이중 체크 시스템을 도입한다.

잘못된 생각이 둥지를 틀지 못하게 시스템을 구축하는 것을 목적으로 모든 프로세스를 이중으로 관리한다. 현금 보관자와 장부는 반드시 분리한다. 현금과 장부, 전표와 장부는 일치하여야 하며 수시로 점검하고 확인하여 부정이 개입될 소지를 없앤다.

여섯, 채산성 향상을 위해 지속해서 노력한다.

기업 활동의 기본은 이익이다. 모든 조직이 이익을 중심에 두고, 활동하고 그 이익을 확대해 간다. 이를 위해 매출 최대, 비용 최소의 원리를 실천하는 시간당 채산제를 정착시킨다. 나아가서 경쟁 상대, 경쟁 강도, 경쟁사의 기술 수준, 기술 변화, 향후 시장 규모 등을 포괄하는 시장 변화에 즉각 대응하는 시스템을 구축한다. 채산성 향상 활동은 전 임직원의 경영 참여를 통하여 개선되고 강화되어 선순환 구조를 만들고 지속 가능한 경영을 담보한다.
일곱, 투명 경영을 추구한다.
경영에 관한 정보가 임직원들 사이에서 공유되며 고객과 이해당사자에게도 전달된다. 이를 통하여 고객에 제공하는 가치가 증가하고 신뢰가 형성된다. 신뢰가 브랜드로 자리를 잡는다.

기업도 결국은 사람들의 공동체인바, 이나모리 가즈오는 기업 성장의 비결을 임직원들의 마음에서 찾았다. 그는 회의, 조회, 회식 등 어느 자리에서나 일관되게 다음과 같은 긍정과 사랑의 메시지를 전한다.
첫째, 긍정적인 마음으로 꾸준히 노력하라.
새로운 인생을 실현하기 위해서는 우선 마음가짐부터 고쳐야 한다. 인생은 마음을 어디에 두는지에 따라 결정된다. 인간은 언제 어떤 경우에 처해도 적극적인 마음을 유지하는 것이 중요하다.
둘째, 일을 좋아하라.
일을 좋아하면 일을 잘하려는 마음이 저절로 생기고 잘하는 방법을 즐겁게 고안하고, 개선하여 나간다.
셋째, 회사를 좋아하라.
회사를 사랑하면 회사가 내 회사가 된다. 임직원 모두가 사장인 회사, 이나모리 가즈오가 아메바 경영을 만들면서 꿈꾸는 회사이다.
'인간으로서 마땅히 해야 할 것은 무엇인가?', '왜 일하는가?', '우리는 일을 통하여 어떤 미래를 그리는가?'라는 근원적인 물음 속에서 아메바 경영이 탄생하였다. 아메바 경영의 바탕에는 전 임직원의 행복을 물심양면으로 추구하고, 인류의 진보와 발전에 기여한다는 인간 우선의 경영 원리가 자리 잡고 있다.

1-7 4차 산업혁명과 아메바 경영

정보통신 분야를 비롯한 컴퓨터공학 등 과학기술의 획기적인 발전에 힘입어, 사람과 사물들이 각종의 온라인 네트워크를 형성하고, 무수한 데이터를 생성·교환·저장하며, 인터넷망으로 거미줄처럼 촘촘하게 연결된 새로운 시대가 열렸다. 그리하여 지금 인류는 과거에는 감히 상상조차 할 수 없었던 빅데이터의 시대이자 초연결 사회로 진입하고 있다.

최근에 사회적으로 큰 파문을 일으킨 알파고와 이세돌 간의 대결은 바야흐로 인공지능의 시대가 도래하였음을 대중에게 확실하게 각인시키는 계기가 되었다.

클라우스 슈밥 WEF(World Economic Forum) 회장은 "앞으로 기술이 현재의 경제, 사회, 문화적 맥락을 모두 변화시킬 것으로 전망됨에 따라, 우리의 삶과 미래 세대에 어떤 영향을 미칠 것인지에 대하여 전반적으로 이해하고 또 공유하여야 한다."고 말하였다.

그러므로 이하에서는, 앞서 간단히 언급한 4차 산업혁명에 따른 미래 사회의 변화와 관련한 몇 가지 우려에 대하여 조금 더 살펴보도록 하자.

먼저 4차 산업혁명이 진행됨에 따라 첨단 산업과 지능형 서비스의 격차가 선진국과 개도국 사이는 물론 대기업과 중소기업 간에서도 극도로 심화된다. 개인들 사이에서도 지능 소비 생활과 삶의 수준에 격차와 간극이 점차 벌어짐으로써 문화적 괴리와 소외 현상이 한층 심화되고, 소득의 편중 및 중산층 붕괴 등의 문제가 가속화할 우려도 적지 않다. 디지털화·지능화된 시스템에 적응하지 못하는 활동 주체들은 시장에서 도태될 우려가 높다. 기존의 생각과 경영방식으로는 기업경영을 지속하기 어려운 환경이 도래하면서, 변화에 적응하지 못하는 화석화된 사고를 지닌 기존 경영진이나 기업가의 입지는 축소될 수밖에 없다. 정부의 정책목표가 시장의 변화 상황에 선제적으로 대응하지 못하거나 그 변화 속도를 제대로 따라잡지 못함에 따라 투자·기술 금융이 애로를 겪는 현상도 곳곳에서 발생할 수 있다.

과학기술 환경은 급속도로 변화, 발전해 나가는데, 이를 따라잡아야 할 우리 주변에는 아직도 어두운 구석이 많아서 몸이 무겁다는 지적이 이어진다. 정부는 장기적인 국가 운영지표를 관리하기보다는 정치권의 수요에 대응하는 단기간의 성과에 집착하는 행태에 익숙하다. 정치인과 정부 관리는 부정적인 지표를 무시하고 낙관지표를 추리기에 바쁘다. 성장이 정체됨에 따라 사회경제 시스템은 고비용, 저효율 구조로 고착화되는 양상을 보이는데, 분배 정의에 대한 요구는 제대로 수용되지 못하여 사회적 분노가 팽배하다는 우려가 높다. 우리나라는 2003년부터 지금까지 계속하여 OECD 회원국 중 자살률 1위를 유지하고 있다. 이미 수년 전부터 청년들의 입에서는 '헬조선'이라는 말이 일반화되어 있다. 선진국의 문턱에서 거꾸러져 중진국으로 후퇴하는 험난한 모습의 미래를 예견하는 전망도 나온다.

한국경제의 글로벌 기업경영 환경 역시 어렵기는 마찬가지이다. 사드 보복 조치에서 보듯이 중국이 음성적으로 약간의 경제제재만 가해도 우리의 경제는 휘청거리고 기업은 고사할 수 있다. 그런데도 중국의 부당한 조치에 대하여 우리가 취할 수 있는 효과적인 대응방안은 그다지 신통한 것이 없어 보인다. 영국의 브렉시트는 물론 미국 대통령 트럼프의 보호무역주의적 성향과 예측 불가능하게 널뛰는 리더십으로 인해 앞으로는 자유무역주의가 퇴조하리라는 전망이 우세하다. 무역 전쟁의 먹구름이 짙어지고 있는 것이 작금의 세계 경제 환경이다. 열강의 각자도생을 위한 자기 행보와 세력 다툼의 틈바구니에서 우리에게는 어느 때보다도 생존을 위한 전략적 접근이 필요한 때이다. 엄혹한 경제 환경과 변화하는 경영 여건 속에서 살아남기 위해서는 무엇보다도 기업의 자체 역량을 강화할 필요가 있다. 대외적 여건에 관한 분석과 대비도 중요하지만, 경제의 뿌리인 기업 경영의 효율과 기업 내부의 자원 배분 등에 관한 연구와 혁신도 그에 못지않게 중요하다.

제조 환경 구축이 잘 되었다고 제조업이 안정적으로 성장한다는 단선적인 생각은 옳지 않다. 이는 기업의 흥망성쇠를 통하여 이미 반복적으로 경험한 사실이다. 축적된 데이터를 기반으로 지금까지와는 다른 산업 변화를 수용하면서 온라인을 통한 정보의 유통과 소통의 확대 및 성과를 만들어 내기 위한 새로운 변화의 노력이 요구된다. 아메바 경영으로 전 직원이 하나가 되어 기업환경 변화에 대처하고, 고객군의 이동에 즉각적으로 대응함으로써 지속적인 성과를 유지해야 한다. 4차 산업혁명을 목전에 둔 중요한 시기에 아메바 경영으로 중소기업의 근본적인 경쟁력을 높이려는 노력이 시급하다.

아메바 경영은 전 임직원이 신뢰를 기반으로 각자 자신이 속한 아메바의 경영 활동에 참여함으로써 기본적으로 공동경영을 추구한다. 모두가 경영자인 회사를 모토로 하므로 경영자와 노동자의 이분법적인 편 가름을 극복할 수 있는 경영 형태이다. '전 직원의 행복을 물심양면으로 추구함과 동시에 인류 사회의 진보 발전에 공헌한다'는 철학에 따라 매일의 경영 정보와 목표를 전 직원이 공유함으로써 회사 구성원 모두가 하나의 공동체라는 신뢰 속에서 경영이 이루어진다. 인간 존중 경영으로 칭찬과 감사의 가치 및 정신적인 영예를 존중하고, 공평하고 투명한 물질적 보상체계를 마련함으로써 일부가 이익을 독식하는 구조를 막는다.

경기는 성장기, 성숙기, 쇠퇴기의 변동이 있게 마련이다. 경영 환경이 언제나 호시절일 수만은 없다. 아메바 경영은 급변하는 환경 변화에 기업 구성원 전체의 능동적인 대응을 가능케 한다. 아메바 경영에서는 수주와 연동한 생산 관리시스템과 전사적인 시간당 채산 관리시스템을 통하여, 시장과 직결된 생산체계를 유지하고 회사의 경영실적이 매일매일 보고되고 전 직원 사이에서 공유되는 관리체계를 구축한다. 기업 구성원 간의 단절, 소외, 불통을 몰아내고 소통을 기반으로 각각의 아메바가 유기적으로 연결되어 최고의 제품을 가장 잘 만들어 내는 생산구조를 유지할 수 있도록 최적화한다.

시장과 직결된 생산, 시장과 연동한 가격 결정 등에 있어 전사적 대응으로 유연하게 움직이는 아메바 경영이 이 시대에 절실하게 요구된다. 시장과 연동한 성과측정과 관리체계를 근간으로 하는 아메바 경영은 4차 산업혁명 시대의 스마트 공장 시스템과도 쉽게 어우러질 수 있다. 철학적 관점이 정립되지 않은 스마트 공장은 외적 충격으로 시스템에 부하가 걸리면 그 충격을 내적으로 감당할 유연성과 여유가 없다. 급변하는 외부 환경을 수용할 수 있다는 면에서 또 더 단순하고 더 효율적인 진화가 가능한 방법론으로서 아메바 경영의 도입이 절실하다.

아메바 경영 핵심 정리

하나, 대의에 입각한 경영
- 경천애인(敬天愛人)에 입각한 가족 같은 공동체

둘, 전원참가 경영
- 직원 개개인의 직무를 정확하게 이해하고, 각자가 경영자라는 마음으로 일에 임한다.

셋, 교육 훈련을 통한 역량 강화
- 리더가 되기 위한 준비로 일, 프로세스, 시스템을 정확하게 이해하고 필요한 스킬을 강화하여 나간다.

넷, 시간당 채산제도
- 아메바 경영시스템은 Plan(예정) ⇒ Do(실행) ⇒ Check(분석) ⇒ Action(대책)의 흐름을 반복한다.
- 시장과 직결된 강력한 관리회계 시스템으로 실적 관리

영업 아메바 시간당 채산 표

	예정	실적	차이
수주액(a)			
매출액(b)			
총수익(a=b×10%) 원			
경비(c)합계 원			
판촉, 출장, 광고선전, 판매수수료, 전기료, 오피스 임대료, 본사경비			
경비차감 후 수익 (d=a-c)			
총 노동시간 (e=f+g+h)			
정시간(f), 잔업(g), 공통시간(h)			
당월 시간당(d/e)			
1인당매출액(b/i)			
인원(i)			

가계부의 예

단위 : 천원

일시	내역	수입	지출	잔액
12.25	급여	3,000		3,000
12.26	카드대금		990	2,010
12.27	아파트 관리비		155	1,855
12.28	식대		25	1,830
12월 합계		3,000	1,170	1,830

Chapter 02

아메바 경영의 골격

2-1 교토식 경영과 아메바 경영

교토역 종합터미널 주변은 상가, 음식점, 전통시장 등으로 아기자기하게 잘 단장되어있다. 주말 저녁 시간은 백인, 흑인, 황인 등 각양의 인파가 흘러넘쳐 거대한 장관을 이룬다. 형형색색의 대형 광고판은 일본 기업을 잘 모르는 사람들에겐 낯설다. 우리가 잘 아는 다국적 기업 토요타, 소니, 미쓰비시는 보이지 않는다. 닌텐도 정도를 제외하면, 호리바 제작소, 니치콘, 옴론 등과 같이 외지인에겐 생소한 기업 광고판이 즐비하다.

이들이 바로 벤처 정신으로 무장하고 전 세계를 대상으로 새로운 기술과 경영 방법 창조를 모색해 온 교토 기업이다. 최근 일본 경제 부활의 원동력이 된 주인공들이다. 계측 분석기를 만드는 시마즈 제작소 평사원인 다나카 고이츠씨가 2002년 노벨화학상을 받았을 때 세계는 '교토식 경영'을 주목했다. 교토만의 독특한 기업 문화가 일본을 넘어 세계적으로 기존의 경영 방법론을 바꿀 대안으로 부상했다. 한국에서도 2010년 무렵 교토식 기업을 배우자는 열풍이 불어, 교토에 있는 교세라를 비롯하여 일본전산, 무라타 제작소, 호리바 제작소, 롬, 옴론 등을 배우려고 대기업이 교토를 방문하는 일이 잦았다. 신문에서도 특집을 내어서 교토 경영 방식을 소개한 사례가 여러 번 있었다. 교토식 기업은 천년 고도(古都)인 교토의 오랜 전통과 역사 그리고 특수한 문화적인 배경을 따라 배태되었다. 안티 도쿄정신, 비판적 사고와 맞물려 험한 창업과정을 선택하고 차별화된 독특한 기술기반과 노력으로 성장하였다.

개별 기업이기 때문에 생존을 위한 피나는 노력은 필수이고, 인사에 있어서는 실적에 근거한 보수 지급을 근간으로 하며, 자금 효율 측면에서는 현금 흐름에 예민한 경영이 전개된다. 미국 실리콘밸리의 합리성을 도입하여 납품처와 구매처 역시 복수로 관계를 맺고 개방적, 유동적인 전략을 구사하되, 철저하게 데이터(Data)에 근거하여 과학적 합리 경영을 지향한다. 일본 사회가 싫어하는 '냉철'하고 '합리적'인 판단과 시책을 기본으로 변화를 적극적으로 수용하고 나아가 회사 내에 경쟁을 촉발하는 경영을 하는 것이다. 또 다른 흥미로운 점은 창업자 대부분이 이공계 출신이라는 점이다. 교세라의 회장인 이나모리 가즈오 역시 가고시마대학 화공과 출신으로 유기화학을 전공한 이공계 출신이다.

전후 불경기에 취업이 잘 안 되어 교수 추천으로 망하기 일보 직전의 쇼후(松風) 공업에 입사하여 세라믹에 입문한 것이 이나모리 가즈오가 교세라를 창업하게 된 계기가 되었다. 망해가는 회사에서 열과 성을 다하여 연구에 몰두하여 크게 성과를 올리는 이나모리 가즈오를 눈여겨본 상사는, 집을 저당 잡혀 300만 엔의 자본을 댄다.

남의 생산 설비를 빌려서 창업한 1959년 그해부터 흑자 행진을 멈추지 않고 전진한 교세라는 독특한 아메바 경영을 탄생시킨다. 전후의 극심한 노사 분쟁을 넘어서기 위한 '전원 참가 경영', 이를 효율적으로 구현하기 위한 '시장과 직결된 아메바 단위의 강력한 채산 구조', 진화를 위한 필요조건인 '사랑에 기반을 둔 가족공동체와 같은 인재 양성'을 그 바탕으로 경영진과 노동자 구분이 없는 가족 같은 공동체를 지향한다.

초기 신입 직원들의 노조결성 움직임을 3일 동안 함께 숙식하면서 서로의 생각 차이를 토로하면서 피를 토하는 심정으로 설득한 것이 안정적인 경영을 계속할 수 있는 기반이 되었다. '회사가 직원에게 해 줄 것이 무엇이냐?'라는 질문에 이나모리 가즈오는 '회사가 잘못되면 내 목숨을 가져가라'고 무한 책임을 지는 자세로 최후까지 설득하여 모든 직원의 마음을 하나로 묶는 데 성공하였다. 그 전통이 대기업이 된 오늘까지 퇴색되지 않고 교세라의 기업문화 내에 오롯하게 이어져 온다.

이러한 강력한 결속에 대하여 '교세라는 종교 집단과 같은 전체주의 회사'라고 오해하는 사람도 있다. 그러나 이는 그 본질을 제대로 이해하지 못한 피상적인 견해이다. 일부 견해와 달리 교세라의 직원들은 행복하게 일하면서 큰 성과를 낸다. 환경이 어떻게 변하든지 언제나 매출액 대비 10%에 가까운 영업 이익을 내는 조직에는 분명 무엇인가 다른 점이 있다.

각각의 아메바 구성원은 매출 최대, 비용 최소를 위해 경영자와 같은 마인드로 일을 처리해 나간다. 조직이 거대해지면 생각을 하나로 묶는 것이 몹시 힘들어지게 마련이다. 그럼에도 교세라는 '전 임직원의 행복을 물심양면으로 추구하고 인류의 진보와 발전에 기여한다.'는 경영 철학에 따라 구성원의 마음을 하나로 묶어서 오늘까지 큰 성과를 내는 조직으로 유지 발전하였다.

최근에 편입된 여러 계열 회사의 경영 성과가 교세라 본사와 다르지 않게 나오는 것도 교세라를 배우고자 하는 기업이 계속 늘어나는 배경이다.

이나모리 가즈오는 1980년대부터 교토, 오사카 기업을 대상으로 경영 공부 모임인 '세이와주쿠'를 결성하고 아메바 경영을 보급하기 시작하였다. 보통의 경영인이라면 경영 노하우를 아무런 대가 없이 다른 기업에 보급할 수 없는 법이다.

조그만 떡볶이 가게의 고추장 만드는 법과 하다못해 누구나 다 아는 김밥 만드는 법까지 돈으로 환산되어 거래되는 것이 작금의 현실임을 생각하면, 그의 넓은 도량을 평가하지 아니할 수 없다. 이 이타적 경영은 사람으로서의 올바른 도리에 대한 물음에서 비롯되었고, 인류의 진보와 발전에 기여한다는 아메바 경영의 원대한 목표와도 맞닿아 있다.

교세라의 아메바 경영을 뒷받침하는 또 하나의 강력한 도구는 회계 시스템이다. 교세라는 현장과 관리부서가 지혜를 모아 1959년 창업 때부터 매일 결산 후 다음 날 모든 정보 공개가 이뤄지는 회계 시스템을 발전시켜 왔다. 20여 년간의 시행착오 끝에 80년대에 이르러 오늘날과 같은 체계가 구축되었다.

교토의 다른 기업들도 자신의 체질에 맞는 관리회계 체계 속에서 직원의 성과를 제대로 측정하고 보상하는 시스템과 기업문화를 바탕으로 세계적인 경쟁력을 보인다. 교토대의 석학 스에마쓰 치히로 교수는 혁신 성향을 교토기업의 차별화 근거로 제시했다. 혁신 전략으로 단위 비용을 절감하고, 각 부분의 독립성을 강화해 경쟁을 촉진함으로써 교토기업은 세계적 경쟁력을 유지한다. 그런 한편으로 모듈 형태로 나뉘어 있는 독립 사업 부문의 활동과 성과를 연결, 통합하는 인터페이스 과정을 통해 전체 프로젝트의 효율을 높인다.

미래에 대한 시장의 통찰에 기초하여 기술개발과 차별적인 요소의 배양을 밀어붙이는 증기기관차 같은 지칠 줄 모르는 추진력이 오늘의 차별화된 교토 벤처기업군의 탁월한 성과로 꽃을 피우게 되었다. 교토기업군의 세계적 경쟁력의 이면에는 아메바 경영 비결을 업계에 공개한 맏형 격인 교세라의 헌신이 자리하고 있다.

2-2 전원 참가 경영

기업이 성과를 내기 위해서는 그 조직 측면에서 먼저 직무를 명확히 하고, 책임소재를 분명히 하며, 그에 따른 적합한 보상이 필요하다. 권한 이양과 보직 이동, 승진을 통한 커리어 관리로 직원이 제대로 성장해야 기업 성과도 지속해서 제고될 수 있다. 잘되는 회사는 회사가 커짐에 따라 자리도 늘어나고, 분배도 늘어나는 선순환 고리를 형성하게 된다.

대부분의 여타 경영 원리처럼 아메바 경영도 매출 최대, 비용 최소의 원리 아래 움직인다. 이를 달성하기 위하여 최소 단위로 아메바를 나누어서, 아메바가 마치 독립적인 회사와 같이 매출을 최대로 늘리고 비용을 최소로 줄이기 위해서 생각을 모으고 개선 방안을 즉시 행동에 옮기는 것이다. 생각을 모으는 과정에서 각각의 관점이 정리되고 구성원들은 자연스럽게 리더의 마음을 가지게 된다.

생산 공정을 예로 들면 현재의 생산 공정과 절차에 참여한 모든 멤버가 주도적으로 비용 절감에 대한 생각을 바탕에 깔고 자기 일에 임한다. 나아가서 효율적 자원 분배를 위해 상황에 따라 인력을 유동적으로 배치하여 생산에 임한다. 자원 배분에 대한 검토도 아메바의 리더가 임의로 결정하는 것은 아니고 아메바 내의 모든 구성원이 함께 논의에 논의를 거듭한 끝에 결정한다.

기업 경영의 전 과정을 각 아메바가 수행하므로 모든 임직원은 원가를 구성하는 제반 요소를 원점에서 재검토하는 것을 일상화한다. 비용은 줄이되 고객에게 제공하는 제품과 서비스의 품질 하락은 용납되지 않는다. 전사적인 혁신 활동을 통하여 생산 속도를 올리고, 원부자재의 체류 시간을 줄이고, 나아가서 제품의 하자를 축소하는 등 비용을 최소화하는 방향에 대한 논의가 아메바에서는 매일 치열하게 이루어지는 것이다. 이를 통하여 시장보다 품질은 높게, 원가는 낮게 유지하는 혁신을 체질화한다.

아메바 활동의 또 다른 한 축은 커뮤니케이션 활성화 및 현장에서 선임 직원이 새로 유입된 신입 직원의 생각과 관점을 미래로 이동시키고, 아메바의 리더가 되도록 육성한다. 교육 활동은 아메바 경영의 매우 중요한 분야로, 커리어 관리, 예비 리더 양성, 나아가 아메바 리더로서의 준비 과정을 통하여 아메바 내부에 인적 교류와 근로 만족도 제고를 목표로 한다. 이를 통하여 성장을 통한 행복을 누릴 수 있는, 전 임직원이 행복한 직장이 가능하게 된다.

기업의 관점은 고정되어 있지 않고 시장을 따라 움직인다. 그러기 위해서는 유연하게 생각을 바꾸어야 하며 나아가 시장을 창조하는 것이 기업가라고 피터 드러커는 말하였다.

아메바 경영은 그의 철학과 방향을 같이 한다. 고객이 만족하는 가격을 찾아 경영 관점을 이동시키는 아메바 경영은 제조원가가 고정되어 있지 않다. 변동하는 시장가에 맞추어 매출이 유동적으로 이동한다. 이 유연한 가격에 제조원가와 이윤을 계산하여 혁신 활동을 전개하여 나간다.

아메바 경영에서는 각 아메바의 모든 구성원이 수익을 위하여 재료, 제조방법 등을 능동적으로 늘 갱신하여 나간다. 시장이 이동하고 있으면 거기에 맞는 소재 및 시장에 가장 저렴하게 공급하는 제법(製法), 경로를 아메바별로 찾아 나간다. 이러한 변경을 늘 생각하는 유연함이 지속 가능한 아메바 경영의 장점이고, 이 방법으로 교세라는 1959년 창립 이래 단 한 번도 적자를 내지 않았고 매출 대비 평균 이익률 10%를 지향하는 것이다.

기업은 최종적으로 사람의 문제로 귀착된다. 아메바 경영은 부문별 독립채산제와 전원참가 경영체계를 견고하게 구축하고, 구성원의 성장과 발전을 통하여 기업을 하나로 묶는다. 이 역량이 고객에 전달됨으로써 수익성을 높이고 나아가 행복한 직장을 추구하는 대가족과 같은 공동체 모델을 구현한다.

시장이 형성되고 어느 정도 규모가 커지기 시작하면 새로운 경쟁자가 진입하고, 경쟁 강도 역시 강해지게 마련이다. 마이클 포터는 산업 내부에서 우리 회사 역량, 경쟁기업 역량, 원료공급자 역량, 후방 소비자 변화를 경쟁 강도의 변화요인으로 설명하면서, 살아남기 위해서는 먼저 고객을 갱신하고, 나아가 내부 핵심 역량을 혁신하고 프로세스를 혁신하는 과정을 통하여 지속 가능 경영을 확보해 나가야 한다고 말하였다.

언론과 학계에서는 지금 우리나라 경제환경을 '넛크래커' 상황으로 묘사하면서, 중국으로부터의 가격 압력은 물론 일본 등 선진국과의 기술 격차를 극복하는 묘수를 내야 생존이 가능하다고 말한다.

이와 관련하여 전원 참가 경영 체계인 아메바 경영은 기업생존에 필요한 위와 같은 묘수찾기나 혁신의 과정에 매우 효과적인 경영형태라고 할 수 있다. 아메바 경영에서는 직원 각자가 마치 독립적인 회사와도 같은 기업 내 단위 아메바의 구성원으로서 리더의 마음을 가지고 비용최소, 매출최대의 수익활동에 능동적, 적극적으로 참여하기 때문이다. 아메바 경영에서는 전직원의 능동적 참여하에 활발한 혁신활동이 이루어지게 된다.

2-3 투명하고 공정한 회계 관리

인간의 마음 바닥에는 탐욕과 욕심이 똬리를 틀고 앉아 있다. 불가에서는 욕심을 화로 표현하고, 기독교에서도 욕심을 원죄로 묘사하고 악으로 규정한다. 경영학에서는 이 욕심이 틈타지 못하도록 경영 체계를 만들어서 모든 구성원에게 그 정보를 공유하게 한다면 부정의 원천이 근절된다고 하는 이론이 있다.

아메바 경영에서도 회사의 재무 상황을 즉시 파악하는 구조를 만들고, 재화와 물류의 흐름에 따라 정보를 유통시켜 부정을 원천적으로 차단하고자 회계 체계의 정립에 공을 들였다. 재무회계와는 별도로 아메바 경영은 관리회계 시스템을 기본으로 하며, 이를 통하여 기업 활동을 숫자로 표시하여 활동 상태와 실적을 확인하고 효율을 올리기 위한 노력의 기준으로 삼는다.

기업 경영 체계는 투명하면서 현실을 정확하게 반영하여야 한다. 아메바 경영도 이러한 대원칙을 달성하기 위하여 가능한 한 엄격하고 정확한 관리회계 시스템을 도입, 실행하고 있다. 회계가 철저하고 정확하기 때문에 비정한 조직이라는 소리까지 듣기도 하지만 지속 가능 경영을 담보하는 것은 아메바 경영의 강력한 회계 시스템이다.

아메바 경영의 회계 시스템은 정보와 현금, 현물의 흐름이 일치되게 설계되었고 창업 후 20년이 흐른 1980년대 그 틀이 완성되었다. 경영 정보 체계를 구축하는 입장에서는 물류의 흐름과 숫자로 구성된 경영 정보를 정확하게 일치시키는 방법을 고안하려고 부단한 노력을 하지만 시스템적으로 구현한다는 것은 쉬운 일이 아니다. 시간에 따라 가격이 시시각각으로 변하므로 일치가 어렵고, 평가하는 사람에 따라 가치와 가격이 달라지므로 정확한 일치는 불가능하다. 따라서 생산 공정을 숫자로 구현하는 것은 얼마나 실제와 가깝게 표현할 도구를 만들어 냈는가 하는 점을 기준으로 시스템의 완결성을 평가하게 된다.

시스템의 또 한 축은 출력의 정확성을 이어가기 위한 노력이다. 아메바의 관리회계인 더블체크 시스템은 부정을 원천 봉쇄하기 위하여 만들어졌다. 가치 중립적으로 서로 체크하여 부정이 개입될 소지를 없앴다.

우선 회계에서 입금 시스템과 출금 시스템을 분리하였다. 이 룰에 따라 전표 작성자와 출금 담당자는 반드시 분리하였다. 그리고 현금 잔액, 통장 잔고, 장부 잔액이 일치하여야 하고 부정기적으로 확인이 이루어진다. 회사 인감도장은 금고에 보관하고 금고를 여는 사람과 도장을 찍는 사람을 분리한다. 번거롭고 귀찮은 일이지만, 입회자가 있을 때만 금고를 열도록 한다. 회사 잡수입이 되는 자동판매기 현금 회수도 두 명이 함으로써 부정 또는 발생할지도 모를 오류를 원천 봉쇄한다.

구매 요구 부서에서 직접 구매 업체에 전화로 가격이나 납기를 교섭하는 것을 금지한다. 이런 장치로 구매와 관련된 납품사와 물품을 조달하는 측이나 사용하는 부서 간의 유착을 사전에 방지하는 장치가 되도록 설계하였다. 물건 납품 후 수금은 영업자가 하되 영수증은 영업 관리자가 별도로 작성한다. 수금은 당연히 회사 입금 계좌로 통합하여 운영한다. 실물 잔고와 전표는 일대일 대응 원칙에 따라 당연하게 일치할 수밖에 없도록 구조를 만들었다.

폐기물도 수량과 금액을 이중 체크한다. 폐기물 발생은 수량 여부와 관계없이 매일 체크하고 출고 잔고와 일치시키므로 가격과 수량에 대해 관리를 정확하게 해나간다.

피터 드러커는 측정되지 않는 것은 관리할 수 없다는 명언을 통하여 관리회계의 중요성을 말하였다. 드러커는 재무 예측의 실패 원인을 세 가지로 언급하였는데, 첫째 캐시플로우 관리 실패, 둘째 자본 조달 실패, 셋째 재무 통제 실패를 들었다. 기업가는 통제 불가능한 재무 상황에 이르지 않도록 프로세스별로 권한을 이양하고, 인프라를 마련하고 매뉴얼 구축을 통하여 부가가치를 만들어 낸다. 드러커는 큰 그림에서 제조 원가, 재고, 간접 관리비, 채권 등에 대한 측정과 관리를 주문하였고, 기업가는 데이터를 기반으로 효율을 높임으로써 기업 생존을 위한 노력을 해나간다.

기업가는 통제 불가능한 재무 상황에 이르지 않도록 큰 그림에서 자본의 회전을 높임으로써 기업 생존과 성장을 위한 노력을 해나간다. 회계를 모르고는 진정한 아메바 경영 리더라고 말할 수 없다. 회계를 모르는 조직원은 수주가 어떤 경로를 거쳐서 현금으로 만들어지고 그 현금이 어떻게 사용되어 이익으로 변환되는지 정확하게 알 수 없기 때문이다. 한발 더 나아가 고객으로부터 조달된 매출에서 차감되는 비용을 관리하기 위해서는 수주 정보의 공유와 원부자재의 조달에서부터, 제조, 품질 유지비용과 실패 비용을 포함한 비용에 민감하여야 한다. 그리고 재고와 인도, A/S까지 포함하는 총비용과 고객 만족과의 상관관계에 늘 촉각을 곤두세워야 회계를 진정으로 이해하는 리더가 된다.

각 아메바의 활동 준거가 되는 기초 자료는 아메바의 시간당 채산이다. 여기에 프로세스 오너인 아메바 리더의 매출과 비용 간의 거리를 넓히려는 필사적인 노력이 계속될 때 회사는 성장하고, 경영 노하우는 아메바 전 구성원에 체화되어 경쟁사와의 역량 차이가 벌어지고 지속 가능 경영에 진입하게 된다.

기업의 지속 가능 경영을 위해서는 연구 개발, 설비, 브랜드 구축, 유통경로의 설계, 판촉 활동 등에 선행적으로 비용을 지출하여야 한다. 리더는 여기에 기본적으로 들어가는 운영 경비와 사원의 생활을 책임진다는 사실을 늘 염두에 두고, 이를 위하여 미리 잉여 현금을 확보할 필요가 있다. 잉여 현금은 재무적으로는 자기자본비율로 표시한다. 또 불량자산은 자산이 아니라 불필요한 돌멩이라는 생각이 필요하고, 이를 위해서는 불량자산 여부를 직접 현장에서 확인하려는 리더의 노력이 동반되어야 한다. 고정비는 염두에 두지 않으면 항상 순식간에 통제 불능 상황으로 증가하는 속성이 있다. 변동비 측면에서도 재고를 최소화하는 구매를 통하여 보관 비용, 재고 리스크를 절감함으로써 수익성을 유지하는 것이 중요하다.

일반적인 제조 기업은 과거의 데이터를 기반으로 원가를 미리 만들어 놓고 가격 변화를 가감하여 원가 관리를 한다. 그러나 아메바 경영에서는 시장 가격의 변동이 매일매일 신속하게 반영되는 변동 원가체계를 운용한다. 전체 아메바가 수익, 비용, 출하 등의 경영실태를 매일매일 확인하며 매출 최대, 비용 최소를 위하여 한 방향으로 달리는 것이다. 아메바에 서비스를 제공하는 공장, 사업소, 총무, 인사, 자재, 경리 등의 간접비도 '공통 비용'으로 각 아메바가 이해할 만한 수준으로 분담한다.

기업은 단순하게 보면 인간 집단으로서 리더에 의하여 목표를 향하여 움직이도록 만들어지고 운용된다. 그런데 그 리더가 존경받지 못하면 성과가 잘 나올 수 없다. 그래서 아메바 경영에서 리더는 회의체와 친목회를 통하여 정보를 교류, 공유하고, 경영 방향을 회사의 목표와 일치시키기 위한 노력을 지속해야 한다. 훌륭한 시스템만으로 성과가 담보되는 것은 아니다. 현장에서 일하는 직원들의 마음이 하나로 뭉쳐질 때 성과가 나오는 것이다. 조직에 '혼'을 불어 넣어 각 아메바가 최고조로 작동하게 하는 것이 리더의 몫이다.

아메바 경영은 고객을 향한 가치를 합리적 가격으로 제공하기 위해서 최대로 창의성을 발휘하고, 전 임직원이 하나가 되어서, 각자가 주인의식을 가지고 행복하게 일하는 것을 목적으로 고안되었다. 그 이상을 실현하는 수단으로 가장 중요한 것이 아메바의 회계 체계이다.

2-4 시간당 채산제도

전 임직원의 행복을 물심양면으로 추구하고 인류의 진보와 발전에 기여한다. 이것이 아메바 경영이 추구하는 경영 이념이다. 이념 달성을 위해서 발전이 동반되어야 하고 발전을 담보하는 이익이 필요하다. 이익도 지속적인 이익이 필요하다. 지속해서 이익을 달성하고 측정하려는 방법으로 아메바 경영은 시간당 채산제를 제시한다.

큰 그림에서 아메바 경영은 매출을 최대로 하면서, 비용은 최소로 하는 경영 방법론으로, 경영 단위를 최소로 나누어서 아메바별로 시간당 채산성을 확인하고 결과를 공유한다. 기업 실적을 기간별 경영 단위 숫자로 표시하는 재무회계는 이해 당사자를 위한 공식 기록으로, 세무 당국과 금융기관, 거래 당사자에 대한 관계에서 회사의 상태를 숫자로 표현한 대외용 경영지표이다. 한편 내부의 경영 효율화를 위한 관리회계는 회사 내부 자원의 흐름을 숫자로 표현하여 부족함을 보완하고 개선하는 수단이다. 아메바 경영에서 시간당 채산은 관리회계로서 흡사 가계부를 통하여 가계의 재정을 확인하고 관리하는 것과 비슷하다.

우리나라에서 아메바 경영의 시간당 채산제도를 도입하여 성공한 사례가 있다.

메리츠화재는 2014년 매출 60,428억 원에 영업 이익 1,566억 원, 2015년 매출 67,930억 원에 영업 이익 2,247억 원의 놀라운 실적을 시현하였다. 포화상태인 손해보험 시장에서 대형 선발 손보사인 삼성화재, 동부화재, 현대해상화재를 능가하는 매출액 증가율 1위를 달성한 놀라운 실적이다. 메리츠화재의 김 사장은 '직원이 열심히 일해서 거둔 성과'라고 직원들에게 공을 돌리며, 앞으로 더 나은 실적을 전망한다고 말했다.

돌아보면 고통의 시간이었다. 김 사장은 취임과 함께 전체 임원의 절반인 15명을 해임했다. 직원 400여 명을 희망퇴직으로 내보내기도 했다. 전체 직원 2,500여 명의 15%가 넘는 직원이 집으로 돌아간 것이다. 김 사장은 당시를 이렇게 술회한다. "대대적인 임직원 물갈이 인사는 조직을 바로잡기 위한 극약 처방이었습니다. 모두가 한 곳을 바라보고 일사불란하게 뛰기 위해서는 과감해질 필요도 있다고 생각했어요."

김 사장이 불도저식으로 직원들을 몰아붙이기만 한 것은 아니다. 김 사장은 근무 시간과 복장을 전면 자율화하여 직원들이 답답한 양복을 벗어 던지게 했다. 보수적인 보험업계에서 유례를 찾기 힘든 결정으로, 본인이 솔선수범하여 더운 여름엔 재킷을 걸치지 않았다. 메리츠화재 본사에는 밤늦게까지 불이 켜져 있는 사무실도 눈에 띄게 줄었다. '저녁이 있는 삶'을 캐치프레이즈로 오후 6시 이후 업무 금지에 나선 것이다. 처음에는 눈치 보던 직원도 이제는 쓸데없이 자리를 지키지 않는다. 늘어지던 회의도 30분 이내로 줄이라고 했다. 사장에 대한 업무 보고도 일상화된 카톡으로 대체하였다. 유연함의 표방이다. 현안이 생길 때마다 스피드 있게 문자로 의견을 주고받는 게 소통과 효율성을 높이는 지름길이라고 그는 말하였다.

김 사장은 손보업계 하위에서 허우적거리는 메리츠화재를 도약시키기 위해서는, 임직원을 수동적인 샐러리맨에서 능동적인 사업가로 변신시켜야 한다고 생각했다. 가장 효율적이고 역동적인 경영 기법을 도입하려는 고민 끝에 최근에 극적으로 회생한 JAL의 정상화에 크게 기여한 아메바 경영에 관심을 두었다는 것이다.

손보 선두권으로 치고 올라가기 위해 성과 보상 체계도 대대적으로 뜯어고쳐 나갔다. '사업가적 마인드'로 무장해 임직원 개개인이 사업 주체가 되자고 주문하였다.

김 사장은 열의를 갖고 아메바 경영을 접목한 메리츠 화재의 장밋빛 꿈을 이렇게 표현한다. "위임된 권한을 바탕으로 신명 나게 일하고, 성과 낸 만큼 정확히 보상을 받을 수 있다면 누구라도 열심히 일하지 않을까요?" 메리츠화재의 주가가 2009년 3,000원에서 최근 25,000원으로 탄탄하게 상승하는 그림을 그리고 있는 것도 아메바 경영을 도입한 경영혁신이 반영된 때문일 것이다.

메리츠화재가 주목한 아메바 경영의 시간당 채산제는 아메바별 성과를 바로 확인할 수 있는 가계부와 같은 단순한 관리회계의 방법으로 고안되었다. 기존 관리회계에 사용하는 표준 원가로는 당일 그 즉시의 원가를 알 수 없다는 한계가 있다. 표준 원가는 결산이 이루어지는 월간 단위로 파악되어 경영에 크게 도움이 되지 않으며, 간접비 배분도 정확하지 않아서 원가를 왜곡시킨다는 큰 단점이 있었다.

이를 개선하고자 이나모리 가즈오는 가고시마대 직계 후배인 모리타 나오유키에게 지시하여 시간당 채산제를 만들도록 하였다. 살아있는 손익계산을 통하여 시장가에 연동한 실제 숫자가 반영된 경영실적표를 만들었다. 계속 보완에 보완을 거듭하여 1980년대 초반 드디어 오늘과 같은 시간당 채산표가 완성되었다. 그리고 그 채산표를 전 임직원이 공유하는 것이다. 경영 상황을 한눈에 확인하여 각자가 회사의 발전에 더 기여하기 위한 자발적인 노력을 기울일 수 있도록 이타적인 심정으로 고안하였다.

아메바 경영은 구성원들에게 경영에 관하여, 회계에 관하여 깊이 있는 지식을 요구하는 것이 아니다. 돈이 벌리는 것을 가계부와 같이 손쉽게 확인할 수 있도록 단순한 '시간당 채산표'를 만들었다. 가계부의 수입 지출 잔액과 같은 개념으로 수입에 해당하는 것이 '총매출', 지출에 해당하는 것이 '경비', 잔액의 개념이 '경비 차감 후 수익'이 되는 것이다.

교세라는 부문별로 5~10명의 아메바 단위로 채산제도를 만들고 아메바의 리더가 철저하게 구성원을 교육하였다. 그에 따라 모두가 경영 상황을 공유하는 가운데 급여의 바탕이 되는 부가가치를 어떻게 늘려나가야 하는지 고민하게 되는 것이다. 아메바 경영은 20%의 핵심 인재가 전체 부가가치의 80%를 만들어 낸다는 파레토 법칙을 적극적으로 부인하는 완전체를 지향한다. 전 임직원이 동일한 철학과 마음을 공유하면서 행복한 이타주의를 실천하는 경영 공동체를 지향하는 것이다.

모든 임직원이 자기가 더 부가가치에 기여하려는 불타는 마음을 소유하고, 함께 힘을 모으는 아메바 경영은 행복한 직장 생활을 통하여 성장을 추구하고, 나보다 조직을 먼저 생각하는 공동체를 꿈꾼다. 교세라에서 출발하여 JAL의 회생으로 아메바 경영은 전 세계 경영계에 경탄의 대상이 되었다. 아메바 경영은 이제 세계 경영학계에 새로운 경영 기법으로 각광을 받고 있다.

우리나라에서는 아직도 생소한 경영 기법에 지나지 않지만, 아메바 경영은 이미 세계적으로 주목을 받는 강력한 경영 혁명의 도구이다.

2-5 비용 최소화

이익을 기반으로 기업 활동을 하는 데 있어서 가격 결정만큼 중요한 일도 없다. 영업 활동의 성패는 고객이 지급하는 최고 가격을 찾아내는 데 달려 있다고 해도 과언은 아니다. 고객이 이해하는 가격은 시장가를 중심으로 움직이므로 고객에게, 더 높은 가격으로 판매하기 위해서는 차별적 요소와 비교우위를 반드시 부각시켜야 한다.

한편 독특한 차별화 우위를 구현하기 어려운 상황에서는 원가 우위를 통하여 시장 경쟁력을 확보할 수밖에 없고, 원가 우위를 점하기 위해서는 비용 절감 노력을 통하여 비용 최소화를 지속해서 달성해 가야 한다. 비용을 낮추기 위해서는 제조 계획부터, 원재료 및 부재료의 투입, 생산 공정 관리, 재고 관리, 재공품 관리, 생산속도 조정 등에서 반복적인 혁신 활동이 일어나야 한다.

매출은 영업에서 발생하므로 영업이 가격을 결정하지만, 제품은 제조 부문에서 넘어오므로 생산비용, 간접비를 사전에 제조 부문과 협의하여야 한다. 그러면 제조 부문은 비용 센터가 된다. 제조 부문은 원가를 절감하기 위한 창의적인 혁신 활동을 반복하면서 비용을 줄여나가게 된다. 매출 근거는 시장가가 기준이므로 영업 부문은 시장가를 달성할 수 있는지에 대해 제조 부문과 긴밀한 관계를 유지하면서 수익성을 관리한다. 비용 절감이나 생산성 향상으로 시장가를 유지할 수 없어 적자를 피할 수 없을 때는 과감한 철수도 검토한다. 제조 현장 역시 영업에서 전달한 시장가를 기준으로 움직여야 이익에 대한 책임 의식이 생긴다.

요즘과 같이 가격이 변화무쌍한 시대는 시장가를 즉시 반영하여 제조원가를 결정하는 것이 쉬운 일이 아니지만, 일관되게 원칙을 지킨다. 결론적으로 영업에서 가격을 결정하지만 그 매출가의 핵심을 이루는 매출 원가는 제조 부문에서 손익을 고려하여 결정하는 것이다. 일반 기업이 취하는 경리 부서에서 배분한 원료, 간접비를 바탕으로 작성한 표준 원가 방식으로는 시장 변동성을 반영하는 것은 원천적으로 불가능하다.

한편 제품의 가격은 궁극적으로는 고객이 결정하는 것이고, 공급사가 결정하는 것이 아니다. 고객이 원하는 가격의 근거는 시장가이다. 제조업체는 이 시장가를 기반으로 이익을 내면서 제조하기 위하여 역량을 집중하고 매일 원가를 부정하고 낮은 가격의 신기록을 경신해 나가야 한다. 월간 단위로 죽은 가격, 죽은 원가에 익숙한 기존 회계 체계로는 실시간으로 시장가가 변하는 것을 반영하는 아메바 경영의 강력한 관리회계를 넘어설 수가 없다.

보통 기업에서는 영업 부문의 극소수 사람이 깊이 생각하지 않고 즉흥적으로 판매가를 결정하는 경우도 있다. 하지만 영업 부문에서 물건이 팔리지 않는다고 일방적으로 가격을 내리는 결정을 해서는 지속적인 이익 창출은 불가능하다. 고객도 만족하고 판매자도 만족하는 가격은 딱 한 점이다. 이 가격을 결정하는 것이 바로 경영자라고 이나모리 가즈오는 말한다.

아메바 경영에서는 다음 공정으로 넘어갈 때 들어오는 수입을 파악하는 관점이 비용 최소화의 중요한 포인트 중 하나이다. 일반 기업은 제조와 영업이 싸우는 관계인데 아메바 경영은 제조와 영업은 운명 공동체라는 인식을 먼저 공유한다. 제조와 영업 아메바 간 협상에 의하여 사내 매매 가격이 결정되고, 이 가격은 거래할 때마다 조정된다. 영업 부문은 제조 혁신 활동을 이익으로 보상하기 위해서 영업에 더 신중을 기하고, 새로운 거래처를 발굴하려는 영업 혁신을 하게 된다. 5~10명으로 구성된 각 아메바의 리더는 계장급의 사원으로 보하여 각 아메바의 상황을 공유하고, 수익 활동을 규정하면서, 정보를 전파하는 역할을 담당한다. 모든 아메바는 이익을 늘리기 위해 혁신 활동을 하게 된다. 아메바의 개선 활동이 매출 증가에 어떤 영향을 미치는지, 또는 경비 절감을 위해서 어떤 혁신을 하여야 하는지 논의하는 것이다. 각 아메바의 리더는 구성원과 함께 이 목표를 달성하기 위하여 힘과 지혜를 모은다. 이러한 과정을 반복함으로써 아메바의 구성원들은 비용 최소화를 위하여 철저하게 중간 점검하는 경영인의 마음을 가지고 성장하게 된다.

아메바 경영에서는 우직하고, 성실하게 일하는 임직원 모두가 서로 합심하여 기업 성과를 내도록 구성원을 자극한다. 시장 변화에 인내하면서 버티는 구성원들로 단단하게 짜인 아메바는 시장가격의 하락에 더 공세적으로 대응하여 시장의 지배자가 되는 기회로 삼는다. 모리타 나오유키는 『아메바 경영 매뉴얼』에서 오기노 공업의 오기노 사장이 실행한 획기적인 원가절감을 이렇게 증언한다. '경영진과 현장이 경영상황과 앞날에 대한 정보를 공유하고 있어 현장이 위기의식을 가지고 속속 대책을 제안해 준다. 따라서 사장으로서 신속하게 대책을 마련할 수 있다. 리더들이 나와 같은 마음으로 회사를 경영해 준다. 최종적으로 비용 삭감, 생산성 향상 등 채산성을 개선하는 데 효과가 있을 법한 제안이 속속 실행으로 옮겨져 생산성이 한꺼번에 20%나 향상되었다. 그 결과 매출액은 전기 대비 75%에 불과하였지만, 흑자를 확보하였다.'

그런 한편으로 아메바 경영에서는 이익을 추구하면서 먼저 인간으로서 해야 할 도리를 지킬 것을 주문한다. 과연 이 가격이 인간의 도리에 부합하는 정당한 가격인가에 대한 답이 있어야 한다.

필립 코틀러는 스티븐 코비(Stephen Covey)를 인용하여 인간은 신체, 독립적 사고와 분석을 할 수 있는 지성, 감정을 느낄 수 있는 마음, 철학적 중심이라 할 수 있는 영혼, 네 가지 요소로 구성되어 있다고 말하였다. 이 중 감정을 사로잡는 감성마케팅이 중요하며 스타벅스의 하워드 슐츠(Howard Schultz), 애플의 스티브 잡스(Steve Jobs)를 성공한 사례로 들었다.

이 단계에 머물러서는 진정한 마케터가 아니라고 하면서, 다음 단계인 소비자의 영혼을 감싸안는 단계로 나아가야 하며, 이를 위해서는 봉사하는 단계(Path of Service)로 나가야 한다고 말한다.

아메바 경영은 거래 상대방에 상처를 주면서 이익을 추구하는 탐욕에서 벗어나 함께 성장하고, 합리적 가격으로 서로 이해하면서 거래하는 고객을 포용하는 동반자 관계를 추구한다.

2-6 아메바 경영 성공 사례(JAL의 회생 1)

다보스 포럼에서도 지적된 바와 같이 IoT(Internet of Things)와 AI(Artificial Intelligence)의 급격한 발달과 측정할 수 없는 변화 속도, 지금까지와는 차원을 달리하는 혁명 같은 경제 환경 변화에 따라 인간 미래가 어떻게 바뀔지 정확히 알기 어렵다. 바뀌는 과정은 물론 그 결과적인 모습도 예견이 쉽지 않다. 하지만 어찌 되었든 그 변화 과정에서 살아남는 자가 강한 것이다.

오니시 야스유키가 저술한 『이나모리 가즈오 1,155일의 투쟁』에서 묘사한 내용을 따라가 보면, JAL(Japan Airlines, 日本航空)이 죽었다가 다시 살아나는 과정은 3년 2개월에 걸친 한 편의 격렬한 드라마와도 같다. 용광로에서 쇠가 끓듯이 기존 2010년 1월 파산보호(우리의 법정관리격_을 신청한 JAL의 모습이 완전히 녹아 없어지고 순도 높은 고객 중심 조직으로 탈바꿈하는 변화 과정을 생생히 엿볼 수 있다. 이나모리 가즈오가 노구를 이끌고 수렁과 같은 JAL의 회생에 참여하기로 결단한 것은 다음과 같은 세 가지 대의에서 비롯되었다. 먼저 그는 JAL의 파산으로 야기되는 부정적 영향으로 일본경제에 큰 주름이 가는 것에 주목하였다. 그리고 5만 명에 달하는 직원의 실직이 몰고 올 사회의 불안과 인적자본의 훼손을 막아야 한다는 요청도 컸다. 나아가 JAL이 파산하면 경쟁사인 ANA(All Nippon Airways, 全日本空輸)가 서비스를 독점하게 됨에 따라 탑승객인 일본인의 불편과 비용증가를 미리 차단할 필요도 있었다.

갱생 신청 당시 JAL은 5만 명의 거대한 인원과 100개 자회사를 거느린 세계적인 그룹이었다. 그 거대한 회사의 숨이 끊어지기 일보 직전 빈약한 몰골을 한 번 들여다보자.

이나모리 가즈오의 증언에 따르면 당시 JAL은 경영에 필요한 숫자로 표현된 목표가 없었다. 그뿐만 아니라 운영 지표는 100% 예산이었으며, 각 본부의 일은 예산을 사용하는 것으로서, 경영 간부 중 누가 이익에 책임을 지는지 알 수 없는 기형적인 조직이었다.

놀라운 사실은 본사와 현장 간 교류가 없어 임원, 중간 관리자, 현장 직원 중 누구도 JAL이 파산할 것이라고는 생각하지 않았다는 점이다. 심지어 경영진은 직원 감축을 얘기하면서도 강 건너 불구경하는 사람들이었다.

먼저 시장에서 JAL의 미래에 대하여 사형선고를 내렸다. 파산을 앞두고 JAL의 주가는 주당 1엔으로 떨어졌다. 주주, 채권자, 거래처, 고객에게 경영진 누구도 책임을 지지 않는, 대다수 조직원이 불감증에 걸린 JAL에 대한 냉혹한 시장의 평가였다. 국책기업으로 출발하여 주인이 없는 회사로 관료와 정치가에 휘둘려온 회사, 노동조합이 8개인 회사, 당시 알 만한 사람들로부터 누가 손을 대도 해결이 불가능하다는 평을 받는 회사였다. 이나모리 가즈오가 들어가면서 JAL은 짧은 시간에 완벽하게 부활하였다. 대체 JAL 내부에 어떤 일이 벌어진 것일까?

이나모리 가즈오는 우선 경영진들의 마음에 주목하였다. 경영진이 현실을 직시하고 경영의 본질을 이해하게 하도록 그가 먼저 한 일은 강의였다. 그 강의의 주요 내용은 아메바 경영 철학이었다. 그 내용이 너무 기본적인 것이고 단순하여 JAL의 경영층과 관리자들은 볼멘 소리하는 경우도 있었고, 노골적으로 불평을 터뜨리기도 했다.

"바르고, 순수하며, 강렬한 생각과 한결같은 노력이 사업 성공을 약속한다." 능력도 많고 열정도 높은 직원이 대부분인 JAL의 경영이 실패한 원인은 사고방식의 차이 때문이라고 경영진을 설득하여 나갔다. 이나모리 가즈오는, JAL의 현재는 과거에 마음 가는 대로 행동한 결과라고 하면서, '나는 내 일만 하면 된다'라는 생각으로부터 탈피하라고 주문하였다.

사고방식을 바꾸기 위해 경영 간부를 대상으로 3시간짜리 강연회를 월 17회 개최하고 이후 전 임직원을 대상으로 확대하여 나갔다. 경영진의 생각을 하나로 모으고 직원들과의 유대도 강화해 나갔다. 의사결정 과정에서 서로 생각이 다름을 확인하였고, 격론을 벌이면서 한 단계 한 단계 생각을 정리하였다.

드디어 JAL 필로소피(철학, 비전)가 완성되었다. 그 주요 내용은 역시 아메바 경영의 그것과 유사하다. JAL 그룹은 전 임직원의 행복을 물심양면으로 추구해 나가면서 고객들에게 최고의 서비스를 제공하며 기업 가치를 높이고 사회의 진보와 발전에 공헌한다는 것이다. 이 비전 달성을 위해서 태스크 포스(Task Force)가 구성되었다.

이들이 채택한 행동 강령은 이렇다.
첫째, 올바른 사고방식을 가진다.

둘째, 인간으로서 무엇이 옳은지 생각하고 아름다운 마음을 가진다.
셋째, 소선 대악(小善 大惡), 대선 비정(大善 非情)
　　　작은 선심으로 대의를 그르치는 일이 없어야 하며, 모름지기 회사는 규율과 법도가 있어야 한다.
넷째, 씨름판 한가운데서 씨름을 한다.
　　　경영은 흡사 전쟁과 유사하여 본진에서 밀리면 전쟁에서 지게 된다는 사실을 깨우친다.
다섯째, 대범함과 세심함을 동시에 가진다.
　　　　경영은 큰 그림을 그리되 세부적인 디테일의 정교함이 없으면 명품으로 서비스할 수 없다.
여섯째, 열정적으로 꾸준히 성실하게 노력한다.
일곱째, 자신을 불태운다.
여덟째, 완벽을 추구한다.
아홉째, 역량을 강화한다.
　　　　배우려는 마음으로 무장하여 계속되는 반복교육과 학습으로 역량은 진보하고 성과는 오른다.
이런 강령 아래에서 한 사람 한 사람 모든 직원이 JAL의 대표자 임을 각인시킴으로써 각자가 채산성을 높이는 활동을 하도록 독려한다. 그에 더하여 이익 창출 활동을 하면서 위 9개 항의 행동 강령을 염두에 두고 행동한다.

강령을 구체적으로 실행하는 4개 기준도 마련되었다.
먼저, '매출은 최대로 경비는 최소로'라는 원칙을 활동 기준으로 삼는다.

두 번째, 공명정대한 이익을 추구한다.

세 번째, 올바른 숫자를 중심으로 경영한다.

경영 상황을 정확하게 반영하는 올바른 수치 지표를 고안하여 경영에 적용한다.

네 번째, 마음을 하나로 만든다.

배턴 터치를 하는 근무 교대 의식을 경건하게 가짐으로써 직원 마음에 내가 성과를 내야 공동체가 존재한다는 생각을 심는다. 전 구성원이 오늘 이 현장에서 목표를 달성해야 한다는 생각으로 일에 임하고, 실력에 터 잡은 특별한 이익을 오늘, 즉시 창출하기 위하여 불타오르는 집단이 된다.

이들 행동 강령의 구체적 실천은 교육과 학습, 그리고 엄격한 현장 훈련을 통하여 이루어지고, 또 전 임직원이 한마음으로 통일된 생각을 가지고 성장해 나가야 가능한 일이었다. 비용 절감을 위한 눈물겨운 노력은 직원만이 아니라 은퇴하여 JAL로부터 연금을 받는 퇴직자들 또한 그들의 연금을 희생하는 바탕 위에서 이루어진 것이었다. 이나모리 가즈오는 한 푼의 보수도 받지 않으며 노조와 퇴직자를 설득하였고, 그를 포함하여 단 세 명의 단출한 식구로 이 구조조정의 중책을 수행하였다. 철학을 바탕에 깔고 큰 그림을 그린 것은 이나모리 가즈오였지만, 실제 계획을 수립하고 실행에 옮긴 것은 JAL의 직원 중에서 선발된 불타는 마음으로 헌신 된 중간 관리자였다.

2-7 아메바 경영 성공 사례(JAL의 회생 2)

앞에서 살펴본 JAL의 필로소피와 행동 강령을 담은 구체적인 실천 강령은 다음과 같다.

하나, 성공할 때까지 포기하지 않는다.
둘, 유언을 실행하는 마음으로 매사에 임한다.
셋, 진정한 용기를 갖는다.
넷, 항상 창조한다.
다섯, 전 직원이 철학을 공유하며, 신속하게 결단하고 행동한다.
여섯, 해결책이 보일 때까지 계속 생각한다.
일곱, 과감하게 도전한다.
여덟, 낙관적으로 구상하고 비관적으로 계획하며, 낙관적으로 실행한다.

직원 필로소피, 행동 강령과 실천 강령은 포켓에 들어가게 작은 수첩으로 제작하여 직원들에게 배포하였다. 이 수첩 내용은 조회 때 돌아가면서 윤독한다.

내용을 실행하는 방법, 다짐, 마음가짐을 매일 틈틈이 소리 내어 지속해서 읽게 되면 직원들의 행동이 주인처럼 바뀌고, 조금씩 하나로 뭉치게 된다. 어제보다 오늘 더, 오늘보다 내일 더 회사를 사랑하고 회사의 역량이 강화되어 모든 식구가 성장 소망을 마음에 품는다. 그리고 모든 임직원이 하나가 되어서, 스터디 그룹을 결성하여 세부 실행 계획을 수립하고 진척 상황을 점검한다. 직급별, 조직별 연수회를 개최하여 상호 이해를 높인다. 면식이 없는 직원이 서로 교류하면서 다른 부서의 애환을 이해하고 나아가 업무의 교환 협조 범위를 넓혀 나감으로써 진정하게 하나가 되는 과정을 촉진하여 간다.

이러한 모든 행동 양식은 사내 커뮤니케이션 향상을 위한 노력의 일환으로 특별하지는 않지만 시사하는 바가 크다. 몰라서 못 했던 것이 아니고, 실행할 의지가 없었고 하나가 되지 못해서 못했다.

아메바 경영을 도입하여 함께 실행에 옮긴 JAL 구조 조정의 주요 내용을 살펴보자.

첫째, 항공기 기종 수를 축소하여 정비, 관리 비용을 절감한다.
둘째, 계절별, 시간대별 수요 시뮬레이션을 하여 기종을 다운사이징하고 최적화한다.
셋째, 적자 노선을 다이어트하고, 노선 네트워크를 최적화하고, 유연화하여 나간다.
넷째, 핵심 역량인 항공 운송업에 경영 자원을 집중하고 비핵심 부문의 비중을 줄이고 통폐합하여 나간다.
다섯째, 기동성을 높이는 유연 조직, 그 조직에 적합한 경영관리체계를 구축하여 나간다.
여섯째, 자영 공항 체제의 대폭 축소로 공항 비용 구조를 개혁하여 나간다.
일곱째, 시설 축소를 넘어 시설 개혁으로 고정비를 절감한다.

여덟째, 조기 퇴직으로 4만8천 명에서 3만2천 명으로 인적 혁신을 하고, 긴요하지 않은 자회사를 매각한다.
아홉째, 임금과 복리후생제도를 원점에서 재검토한다.
이나모리 가즈오는 실적 발표 현장에서 책임감이 미흡한 간부를 상대로 '당신은 평론가인가?'라고 지적, 질책하면서 책임의식을 촉구하였다.
특히 발표에서 '트레이드 오프'라는 말을 엄금하였다. 트레이드 오프는 A를 하면 B가 희생된다는 표현이지만 지금까지 JAL 경영진은 책임을 회피하는 수단으로 사용하였다. 그에 반해 교세라에서는 A, B를 동시에 추진하는 것이 일상적인 모습이 되었다.

아메바 경영 철학이 정착된 JAL은 몰라보게 바뀌어 나갔다.
이나모리 가즈오는 취임 3개월 뒤인 2010년 4월 부문별 채산제도를 위한 조직 개편 준비 작업에 들어간다. JAL의 경영 핵심이 노선 계획을 세우는 부서에 있다고 보고, 이 조직을 중심에 놓았다. 세 가지 조직 개편안을 만들어 사원이 결정하는 안을 채택하기로 하고, 비교적 젊은 40대 직원들로 조직 개혁 태스크 포스 팀을 구성하였다. 12월 조직 개혁을 단행하고, 아메바 경영 시스템의 틀을 구축하였다. 이듬해인 2011년 4월 조직 개편에 들어간 지 1년 만에 드디어 모든 조직 개편이 완료되었다.
조직 개편 후 크게 달라진 것은 모든 활동 중심에 이익이 자리하게 된 것이다. 사업 부문, 지원 부문을 나누어 매출과 비용을 책정하고 관리하여 나갔다. 사업 부문이 일하도록 지원 부문이 운항, 객실, 공항, 정비 본부로 나뉘어 비행기를 띄우는 데 필요한 인재, 서비스를 공급하고 대가를 받는 형태로 설계되고 운영되었다. 각 부문에 지급하는 협력 대가는 비행기 편별로 단가가 사전 결정되어 제시된다. 노선 총괄 본부를 신설하여 수지에 대한 책임을 명확하게 규정하는 한편, 모든 직원이 자신의 시간당 채산을 자각하기 시작하였다. 조종사, 승무원, 지상 스태프, 정비사 등 모든 직원이 자기 몫은 자기가 번다는 각오로 업무를 수행하였다. 이제는 자발적으로 모든 임직원이 이익을 위하여 의욕을 불태워 나갔다.

이익 중심 활동 사례를 들어보자. 우선 JAL은 일본을 6개 권역으로 나누고 권역별로 수익과 비용을 고려한 채산 활동을 했다. 매일 뜨는 1,000여 편의 비행기당 채산을 올리기 위한 연구가 아메바별로 진행되었다. 권역별로 발권율에 따라 비행기, 조종사를 연계하여 탄력적으로 운영하였다.

다른 부서의 애로와 한계를 서로 이해하는 과정에서 사내 커뮤니케이션이 활성화되고 이에 따라 다른 부서의 이익을 더 챙겨 주는 이타심을 품게 되었다. 경비 절감에 매달려 시각표, 안내 팸플릿에 대한 적기 대응으로 폐기율을 감축하여 나가고, 프리미엄 잔여 좌석 정보를 실시간으로 공개·공유함으로써 판촉을 유연하게 강화하였다.

소소하지만 승무원의 짐 중량 감축 활동을 강화하여 샴푸 등 중량물은 가져가지 않고 현지 구매하였다. 직원별로 기내 판매 매출 목표를 제시하고, 우수 직원은 표창하였다.

조종사와 정비사도 예외가 없었다. 조종 안전을 배려하면서도, 연비 절감 운항을 기본으로 하였다. 기상 조건을 고려하여 가장 연료 소모가 적은 코스를 선택하고, 출발부터 주기장에서 엔진을 멈출 때까지 연료 절약을 목표로 운항하였다. 대당 수만 엔이라도 연료 절감을 위한 활동을 일상화하고, 정비 본부도 정비사 동선을 축소하고, 부품의 구매를 최대한 억제하여 원가 절감 활동을 지속하였다.

그 결과 항공 비수기인 2월에 흑자를 달성하였다. 2011년 마스터플랜 영업 이익이 757억 엔이었는데, 2012년 3월 결산이익 2,049억 엔, 영업 이익률 17.0%라는 경이로운 성과를 달성하였다. 2013년에는 매출 1조 2,388억 엔, 영업 이익 1,952억 엔을 달성하여, 영업 이익은 줄었으나, 이는 엔화 약세에도 불구하고 상여금 지급 이후의 실적으로 이익과 서비스 향상을 목표로 모든 사원이 공동으로 노력한 결과 큰 성과가 이루어진 것이다. JAL의 전 임직원이 현실을 정확하고 냉정하게 인식하고, 이에 맞추어 내부 역량을 기르고 고객에 대한 차별화된 서비스를 한마음으로 제공한 결과가 효율을 극대화 시켰다.

드라마틱한 JAL의 아메바 경영 이식과정을 통해서 아메바 경영의 원리가 다른 조직에서도 마찬가지로 구현되고 훌륭하게 작동된다는 것이 만천하에 입증되었다. 계열사의 모습이 아주 다양하여 그 비즈니스 모델을 일일이 열거하기도 벅찰뿐더러, 전 세계 오대양 육대주에 펼쳐져 24시간 돌아가는 거대한 조직인 JAL에도 아메바 경영이 이식될 수 있다는 믿지 못할 일이 현실로 드러난 것이었다.

기적적인 사실은 JAL의 직원 한명 한명이 가장 중요한 것은 항공기를 이용하는 고객이라는 사실을 자각하며, 고객에게 다른 항공사가 제공하기 어려운 차별화되고 인상적인 서비스를 제공한 것에 시장이 응답한 것이다.

학습을 통한 성장과 성장에 의한 직원 만족도 증가가 선순환으로 연동되는 JAL의 변화를 주목하여 다른 조직에도 그 비결을 공유하는 즐거움이 크다.

Chapter 03

한국 기업의 실패와 좌절

3-1 드러난 성장의 한계

우리 산업사를 회고하면 60년대에 가발, 섬유, 봉제 기업들이 고속 성장을 견인하면서, 기업과 사회, 국민이 함께 성장하였다. 제일모직, 제일합섬, 선경, 대농, 코오롱, 한일합섬, 충남방직, 전방, 경방 등에 납품하는 기업도 함께 고도성장을 구가하였다.

70년대에 이들 자본이 중화학 기계공업으로 전환을 시작하였고 삼성, 현대, 엘지, 대우, SK 그룹과 관계 계열사, 전자산업 등이 선두권을 형성하였다. 대대적인 국토 개발과 건설 붐이 기지개를 켜면서 산업인프라도 급속도로 확장되었다.

80년대에는 자동차, 전자, 산업기계, 조선, 중화학 산업이 수출을 견인하였다. 이때 삼성은 사회적 우려의 시선을 이겨내고, 반도체에 '올인'하여 크게 성공함으로써 우리나라를 넘어 세계적 기업으로 성장하였다.

90년대에는 세계 일류 상품이 등장하기 시작하였고, 2000년대에 들어서는 세계 전자산업과 인터넷의 선두 국가로 발돋움하게 되었다. 못사는 나라에서 선진국 문턱에 다다른 지금, 2010년대 중반 드디어 지칠 줄 모르고 성장할 것처럼 여겨지던 KOREA 엔진에서 이상한 소리가 나기 시작했다. 그 전부터 문제가 없었던 것은 아니지만, 근자에 이르러 사건들 하나하나가 중요한 의미를 가지고 표면으로 드러나게 된 것이다.

풍운과 풍요의 상징 베이비부머 세대가 은퇴하고 고생을 모르는 세대가 주역으로 등장하니, 모든 비용은 증가하는데 먹거리는 줄어드는 현상이 나타났다. 인적 자본 우위에 근거한 인건비 비교 우위는 눈 녹듯이 사라지고, 비정규직과 아르바이트가 가파르게 늘어나 정규직의 자리를 채운다. 구체적인 성장 동력이 없는 기업군이 넘쳐나게 되면서 경제에 빨간 불이 들어왔다.

저출산과 노인 문제로 귀결되는 인구 통계학적 변화는 사회 구조적 문제로서 일자리에 큰 영향을 미친다. 구직자 입장에서는 기업을 믿을 수가 없고, 기업은 사람을 구하기 어렵다고 하소연이다. 지금까지 우리가 알고 있던 좋은 직장의 개념, 평생 퇴직 걱정이 없는 안정적 식상에 늘어가기가 별을 따는 것과 같이 어려워졌다. 가령 화이트칼라로 분류되는 금융기관의 경우를 보자. 은행은 1960~90년대까지 고임금에, 적은 근로시간과 정년이 보장되는 안정적 직장의 대명사였다. 90년대 말 IMF 사태의 중심에 그 은행이 있었다. 낮은 사무 생산성과 수익성을 식별하는 눈이 없었던 대가로 수많은 은행이 사라지고 합병되고, 외국에 매각되었다. 그리고 최근 사무자동화, ATM(Automatic Teller Machine), 인터넷 뱅킹으로 대면 업무가 대폭 축소되면서, 60년대에 50명이 일하던 점포에 지금은 5명 내외가 근무하는 실정이다.

인적 자본 투입이 1/10로 줄게 된 것이다. 이러한 변화는 다른 금융업종인 증권, 보험사에도 영향을 미쳐 금융 인력시장이 이제는 미미한 수준으로 축소되었다. 성장의 한계에 따라 금융 산업뿐만 아니라 모든 업종에 이러한 현상이 퍼지고 국제 경쟁력이 취약한 업종부터 오그라들고 있다. 성장의 정체로 이제는 마이너스 성장을 목전에 두고 있다. 국가 경쟁력 정체 현상의 뿌리에는 취약한 개별 기업의 국제 경쟁력이 자리하고 있다. 임계점에 도달한 기업들은 죽겠다고 아우성이다.

그렇다고 방법이 전혀 없는 것은 아니다. 외부의 환경변화에 힘들어하기보다는 눈을 내부로 돌려보자. 개별 기업이 고객에게 제공하는 가치를 높이기 위한 활동의 결과물, 다시 말해서 제품이나 서비스에 대하여 고객이 지급하는 가격 만족도를 고양하는 것이 이 어려운 환경을 이기는 첩경이다. 이나모리 가즈오는 직원 모두가 이 사실을 직시하고 강력한 원가를 통제하는 시간당 채산성 향상이 어려움을 이기는 확실한 방법이라고 했다.

삼성전자는 지난 2014년 휴대폰 부문에서 부진한 성적표를 받으면서 강력한 긴축 경영을 선언했다. 최근 열린 임원 세미나에서 파산했던 일본항공(JAL)의 회생을 이끈 이나모리 가즈오의 강력한 경영방식을 배우자는 결의가 나올 정도로 삼성전자 내부에는 위기의식이 팽배했다. 비용 절감을 위한 예산 재검토에 들어가는 등 허리띠 졸라매기에 본격적으로 나섰다.

구체적으로, 임원 세미나에서 교세라식 아메바 경영을 따르기로 하면서 예산을 최대 30%까지 줄이는 것을 목표로 경영 계획을 변경하였다. 서울 본사에 있는 경영지원이나 재무, 인사, 홍보 등 인원 15%를 영업이나 생산관리 등 현장으로 전환 배치하고, 새로운 신수종 성장 동력으로 바이오, 의료산업을 추가하는 사업의 대전환을 추구하였다. 그러나 바이오, 의료기기사업은 진입장벽이 높고, 글로벌 기업이 시장을 견고하게 장악하고 있어서 단기간에 실적을 내기 힘든 상황이다. LED 사업도 중국산 저가 공세와 맞서야 하는 형편이다. 글로벌 리딩 기업 삼성전자의 변신을 시장은 주목하고 있다.

크든 작든, 흑자이든 적자이든 간에 기업의 사장은 강박에 시달린다. 그 고뇌와 변화무쌍한 생각 널뛰기는 CEO의 멘탈을 거쳐 그 몸의 균형을 송두리째 무너뜨린다. 비근한 예로 애플을 새로운 패러다임의 선두로 올려놓은 스티브 잡스의 행적과 죽음에 이르는 과정을 들 수 있다. 잡스를 죽음으로 몰고 간 원인 가운데는 세계적인 리딩 기업의 지위를 계속 유지해야 한다는 강박감이 크게 작용하였다는 증거가 많다. 경쟁기업인 MS와의 지루한 싸움, 후발 기업인 구글의 성장에 대한 비교의식, 사람 간 관계의 어그러짐이 자리하고 있다고 볼 수 있다.

달도 차면 기울고, 삼라만상이 그 탄생이 있으면 죽음이 기다리게 마련이다. 이러한 연유로 삼성전자나 애플 같은 거대 기업도 예외 없이 강박에 노출되고 시달린다.

아메바 경영은 이러한 강박에서 벗어날 수 있는 경영 원리이기도 하다. 아메바 경영 근저에는 사장을 외롭지 않게 하고 전 임직원이 함께 경영을 해나가는 깊은 철학적 통찰이 숨어 있다. 우리나라의 성장에 빨간 불이 들어온 지금 기업에 대한 생각과 존재 이유를 확 바꾸어야 한다. 모든 사회 현상의 뿌리에는 사람으로부터 비롯된 문제, 사람이 악화시킨 문제, 사람에 의해 망가진 문제가 도사리고 있다. 이 문제를 줄이고 더 나은 세상을 만들기 위해서는 아메바 경영이 요구된다. 전 임직원의 행복을 물심양면으로 추구하기 위해서 우리나라 사장은 생각을 어떻게 바꾸어야 할 것인지, 어떻게 그 강박에서 벗어나야 하는지를 아메바 경영은 가르쳐 준다.

3-2 실패한 사장

기업은 사회에서 부가가치를 창출하는 창구이다. 풀어서 말하면 기업을 통하여 부가 쌓여 나간다는 말이다. 그 기업이 본연의 의무를 다하지 못하고 오히려 비용이 수익을 상회하면 내부 자원이 고갈되고 죽음을 맞게 된다. 내가 만난 회사는 평균 수명이 10년을 넘지 못한다. 그중에는 대를 이어서 사업을 알차게 운영하는 사장도 있지만, 대부분은 단명이다. 왜 망하는 기업이 그리 많고, 망하는 일이 반복되는지 그 원인을 몇 가지로 정리하여 보았다.

첫째는 경기 변동이다.

업종 경기와 업황의 후퇴, 1998년의 IMF 사태, 2008년 금융 위기 등은 개별 기업이 넘기 쉽지 않은 쓰나미이고, 절벽과 같은 대외 원인이다.

두 번째 이유는 고객의 이탈이다.

고객은 사전 예고 없이 바람처럼 떠난다. 일부 예견되는 실마리는 있지만, 구성원이나 사장이 이를 문제로 인식하지 못하는 경우에는 부실로 연결된다.

세 번째는 회사 내부에 정보가 흐르지 않는 문제를 방치하는 것이다.

이로 인해 영업부서, 제조부서 간 다툼이 생기고, 그 결과 생산 스케줄이 시시각각으로 바뀌고, 공장은 혼돈에 빠지게 되는 것이다.
네 번째는 회사의 핵심 역량이 불분명한 경우이다.
원가 우위, 품질 우위, 납기 우위, A/S를 포함한 서비스의 우위가 분명하지 않고, 고객에 제공하는 정보의 차별적 요소가 사라질 경우 납품단가 인하 압력이 들어오고, 응답이 없으면 거래 중단으로 이어지게 된다.
다섯째는 원가통제에 실패하는 것이다.
직접비, 간접비, 고정비, 변동비가 제각각으로 나뉘어서 매출 증가 속도를 뛰어넘는 비용 증가가 수반되는 데도 이를 감지하지 못하고, 결산한 후에야 적자를 확인하는 경우이다. 원가가 제대로 반영되지 못한 제품 영업이 제대로 된다면 오히려 이상한 일일 것이다.
여섯째는, 자원 배분의 실수이다.
경영진과 관리자의 생각과 현장의 생각, 고객의 의도가 서로 다른 데도 이를 반영하지 못하면, 고객이 떠날 수밖에 없다. 중국 등 경쟁 상대의 대대적인 저가 공세가 예견되는 데도 고급 생산설비를 확충한다면, 고정비의 상승을 감당하지 못하는 현실에 직면하는 것은 시간문제다.
이러한 여섯 가지 현상이 범벅되어 현금 흐름 적자가 나타나게 된다.
이런 기업의 문제를 방치하면 회사는 죽음으로 갈 수밖에 없다.
뛰어난 경영 구루 짐 콜린스(Jim Collins)는 이런 기업 문제는 최종적으로 리더의 문제로 귀착된다고 말한다. 리더는 회사의 고객과 문화를 이해하여야 하므로 내부에서 양성하여야 한다고 주장한다. 그는 실패는 본인이 책임지고, 성공은 직원의 공으로 돌리는 리더가 가장 수준이 높은 리더인데, 그런 리더가 사장인 회사는 어떠한 환경적인 어려움도 극복한다고 한다.

혼다 소이치로도 외부적인 조건의 악화는 직원의 결속을 다지는 좋은 훈련장이라고 하였다. 오히려 불황이 닥쳐 봐야 자기 회사의 실력을 제대로 알 수 있게 된다고 하였다.

정보통신업계의 신사 중의 신사 유 사장님은 대 그룹사 정보통신 분야를 IMF 사태 때 직접 인수하여서 2005년 무렵에는 정보통신 서비스 매출 100억 원, 직원이 60명인 회사를 알뜰하게 운영하고 계셨다. 나에게 많은 것을 가르쳐준, 높은 관점과 탁월한 실력을 겸비한 분이시다. 업계의 리더로 추앙을 받는 분이셨는데 2008년 미국발 금융위기의 고비를 넘지 못하였다. 기업들이 IT 투자를 제한하고 수많은 회사가 문을 닫았고 너무나 급하게 환경이 얼어붙었다.

경영하던 기업의 매출이 반 토막이 났는데 운영 비용을 감당하기에는 고정비가 너무 많이 들었다. 월 10억 원가량 수입이 있어야 인건비, 사무실 임대료, 장비 임대료, 부자재, 경비, 제세 등 8~9억 원의 고정성 경비를 감당하는데, 5억 원 남짓한 매출로는 5개월을 버티기가 힘들었다. 가뭄에 논바닥이 거북 등 갈라지는 것과 같이 현금이 고갈되었다. 성장 동력이 훼손되고 핵심인력이 퇴사하면서 회사 성장판이 닫히게 되었다.

나중에 알게 된 놀라운 사실은 출중한 사장님의 능력을 과신한 나머지 직원들이 제대로 회계 정보를 정리하지 않았던 것이었다. 늘 잘 돌아가는 것으로 생각하고 금융 위기 직전에 회사 유동성 10억 원을 들여 고성능 서버를 새로 도입하는 계약을 체결할 때, 회계팀이나 임원 어느 사람도 문제를 제기하지 않았다. 1,000원 하던 달러가 결제 시점에 1,500원이 되니 운전 자금 15억 원이 묶여버리게 되었다.

회사를 구하려고 필사적으로 은행에 매달리고, 금융기관 문을 두드렸지만, 금융계 생리가 비가 오면 우산을 빼앗을 수밖에 없는 구조라서 어디에서도 급전을 융통할 길은 없었다. 기업의 탄생과 소멸의 덧없는 사례 중에서도 현금 흐름을 체크하여야 하는 귀중한 일례이다. 업계의 리더가 눈물을 머금으며 회사를 정리하고 쓸쓸히 사라지던 뒷모습이 지금도 생생하다.

우리나라 산업사에 크고 작은 수많은 기업이 반딧불과 같이 나타나고 또 소멸하였지만, 'OO 정수기'의 이 사장님같이 불꽃같이 타올랐다가 사라진 경우는 희귀 사례에 속한다.
중소기업계 대표로 왕성하게 활동하시던 이 사장과는 중소기업진흥공단 서울지역본부장 시절 여러 번 공식 석상에서 만났다. 매달 개최되는 정기모임에서 언제나 잘 준비된 세련된 매너로 좌중을 부드럽고 화기애애하게 만들어, 이런 분이야말로 크게 성공할 것이라는 믿음을 가지게 되었다. 나만이 아니라 그 자리에 참석하시는 수백 명의 사장님, 특강 강사로 나선 총리, 장관, 국회의원 등 알 만한 분들도 그렇게 생각했다는 것이다.
이 사장은 지방에서 제대로 교육도 받지 못하고 상경하여 정수기 업계의 기린아로 성장하였다. 업계 리더로서 크게 활동하는 등 교제 범위도 마당발일 뿐 아니라 정수기 렌탈사업은 재벌급 기업인 웅진코웨이, 청호나이스에 이어 업계 3위를 달리고, 언제 업계의 1위가 되느냐가 시간문제로 보일 만큼 그 확장세는 대단했다. 그런 그가 지금은 차가운 감방에서 지난날의 영화를 되돌아보면서 회한의 눈물을 흘리고 있다.
부실 원인을 추적해 보니, 정수기 사업이 궤도에 진입하자 이 사장은 음파 치료기로 눈을 돌렸다. 천만 원 가까이 나가는 음파 치료기 13,000대를 70%에 렌탈을 하여 캐피탈을 일으키고 부도를 낸 것이다. 1,000억 원 언저리가 최종 부도 처리되어, 유통이 주 사업인 회사 규모보다 믿을 수 없는 큰 규모였다. 사용처는 부동산 구매로 150억 원 정도와 일부 고정비용을 확인하였을 뿐 나머지는 어디에 썼는지 확인되지 않았다. 투명하지 않은 회계처리와 CEO의 과신에 찬 독단이 가져온 결과물이다. 부도로 인한 사회적 비용 또한 엄청나서, A/S 요원 1,500여 명과 수십만 명의 가입자에게 피해가 돌아갔다.

이 사장은 하늘만 쳐다보고 땅을 보지 않은 것이다. 신사업 진출을 독단적으로 결정하고, 단기 캐피탈로 들어온 현금으로 부동산을 구입하는 어처구니없는 행동을 한 것이다. 이 과정에서 단 한 번도 경영실적을 회사의 전략 차원에서 점검하거나, 임직원들과 협의하지 않고 독자적으로 일을 저질렀다고 한다.

우리나라에서 장수하는 기업이 늘어나려면, 사장 스스로 기업이 내 것이라는 생각을 버려야 한다는 경고를 누누이 들었다. 이러한 생각의 변화를 수용하지 않아서, 아니 하기 싫어서 많은 사장이 판박이 같은 실수를 저지르고 그 실수는 어김없이 또 반복된다.

이 문제는 기업관, 기업 철학을 거쳐 사회 현상, 사회 풍조로 연결된다. 어떻게든 성공하면 된다는 결과 중심 사고방식에다 과정을 외면한 채 자기가 최고라고 생각하는 것이 사장의 마음에 얹히게 되면 기업의 기울어짐은 시간문제일 따름이다. 우연한 성공이 계속 자기와 동행할 것이라는 착각에 빠진 채 어깨에 힘을 준 사장이 주변에는 아직도 많다.

3-3 원칙 없는 경영

1986년까지 삼성전자의 반도체 부문 누적 적자는 2,000억 원에 달했다. 삼성전자나 구 삼성반도체통신이 개별 회사였다면 이러한 거대 규모 적자를 감당하지 못하고 도산 처리되었을 것이다. 그러나 반도체 부문은 삼성그룹의 전략적 관심과 전 계열사의 재정적, 기술적, 경영적 지원을 받으면서 어려움을 극복할 수 있었다. 결국, 삼성전자는 메모리 반도체 세계 1위에 등극하고, 반도체 사업부가 회사와 그룹 전체의 이익 창출 센터가 되었다. 아니 우리나라의 성장 엔진이 되었다. 반도체 사업부가 다른 사업부나 계열사에 기술과 조직 능력, 재원을 공급해주는 역할을 하기 시작했고 반도체 사업이 모바일 관련 제품으로 다각화되면서 새로운 시너지(synergy)가 나타났다.

삼성전자가 선발 추격 기간에 습득하고, 선발 주자가 된 후에도 강화해나간 역량을 요약하면 다음과 같다. 첫째, 삼성전자는 공격적이고 시의적절한 투자를 결정하고 이를 장기적으로 수행하는 능력을 향상했다. 둘째, 신제품 개발 능력을 강화했다. D램뿐만 아니라 플래시 메모리 등 관련 메모리 제품 개발을 선도했다. 셋째, 차세대 제품 설계

및 공정 기술을 현세대 제품에 적용해서 칩 크기를 축소해 생산단가를 떨어뜨리고 품질을 향상하게 시키는 역량을 더욱 숙련시켜 나갔다. 넷째, 신속하게 대량생산 체제를 구축하는 능력을 더욱 강화했다. 다섯째, 개발과 생산 간의 긴밀한 통합을 통해 포괄적 병행 개발 체제를 더욱 완벽하게 만들어 나갔다. 여섯째, 다양한 고객층으로부터 파생되는 정보와 경험의 축적으로 인해 시장 추세를 읽는 능력이 더 향상됐다.

여기에는 이병철 회장의 한계 극복과 도전이라는 뿌리 깊은 기업가 정신이 자리하고 있다. 고민하여 방향을 정하고 한번 정하여진 길에서 벗어나지 않고 승부를 보는 것이다. 미래의 글로벌 시장에서 통할 수 있는 큰 기술을 보고 전체 삼성그룹의 역량을 집중하는 것이다. 수많은 반대가 있었다. 심지어는 서울대 교수진, 언론계, 금융기관, 나아가서 정부 당국까지 제동을 걸고 나섰다. 우리의 기초기술 수준과 선진기술 사이의 격차를 이유로 주장되는 불가론이나 시장의 열악, 브랜드 등을 거론하며 선진 유럽, 미국, 일본의 쟁쟁한 거대 기업과 도저히 경쟁이 안 된다고 하는 말은 참으로 논리 정연하였다. 그러나 위대한 기업가는 그런 반대론을 넘어서서 기업 역량을 제대로 파악하고, 그런 바탕 위에서 다가올 미래를 내다보면서 확고한 목표를 설정하고 실천하는 힘을 가진 자이다.

이병철 회장은 깊이를 모르는 집중력으로 삼성그룹의 역량을 하나로 모으고 새로운 학문적인 성과를 낸 연구진을 삼고초려로 확보하여 나갔다. 그는 자신의 역량 80%를 인재를 구하는 데 진력하였다고 고백하였다. 그리고 흔들리지 않았다. 회사의 전체 역량을 집중하여 한 방향으로 나아갔다. 일단 방향을 정하면 모든 자원을 집중하는 것이다. D램 시장의 선두로 올라서면서 드디어 반도체 시장의 흐름을 좌지우지할 수 있는 시장 리더로 자리 잡게 되었다. 이병철 회장과 이건희 회장의 대를 이은 집중력이 드디어 세계 산업사에서 유례를 찾아볼 수 없는 신화를 만들어 낸 것이다. 기업가 정신의 정수를 보여 준 리더십이다.

이런 큰 그림을 그리며 성장하는 기업만으로 산업계가 구성되어 있을 수는 없다. 이병철 회장과 같이 기업가 정신에 투철한 제대로 된 경영인은 드물다. 오히려 군림하는 사장, 이익에 눈먼 사업주, 나아가 한탕을 노리는 장사꾼, 고객을 속이는 장사치가 많다.

회장이 운전기사를 폭행하여 갑질 논란에 휩싸인 100년 기업, M 간장의 사태를 들여다보자.

M 간장은 100년에 걸쳐 소비자에게 맛 좋은 간장이라는 핵심 가치를 제공하였고, 간장의 품질을 차별적으로 유지함으로써 식품 산업의 수준을 높이는 데 기여하였다. 또 콩과 소금을 비롯한 원료를 지속해서 구매하여 농민을 살찌우고, 관련 사업의 발전을 견인하였다. 직원 채용으로 고용을 유지하고 확대함으로써 국민 경제에 기여하였다. 그리고 부가가치세와 법인세를 비롯한 각종 납세 등으로 국가 경제의 발전에 기여한 공이 100년을 넘어서니 얼마나 대단한 일인가?

그 많은 공이 회장의 갑질 한 번에 묻히고, 기업은 순식간에 국민적 지탄의 대상으로 변하였다. 대표적인 악덕 기업주가 운영하는 불매 운동의 대상기업으로 바뀌었다. 순간이다. 그 이름을 쌓는 데는 100년이란 오랜 시간이 걸렸지만, 망가지는 것은 순식간이다. 운전기사라는 사회적 약자를 학대하고 해고한 M 간장 회장의 일탈에 대한 국민의 시선은 싸늘하고 소비자 반응은 차갑다.

갑질 논란에서 벗어나지 못한 대표적인 기업 하나를 더 보면, N 유업이 있다. N 유업은 약자인 대리점에 잘나가는 제품과 인기 없는 제품을 묶어 파는 것도 모자라서, 반품을 받아주지 않았다. 영업 사원도 대리점주에게 막말하면서 갑으로 군림하였다. 식품의 특성상 유통에 기한이 있고 무명 제품은 악성 재고로 남아서 대리점의 경영에 큰 짐이 되었다.
대리점에서 짠 고혈을 바탕으로 기업은 수익을 올리는 고약한 수탈 구조가 아닐 수 없다. N 유업 주식이 대표적인 자산주이자 황제주의 지위를 구가한 이면에 이런 어두운 구석이 깔렸다는 사실이 참 슬프다.

최근 G 골프와 가맹점 간의 반목과 분쟁도 눈살을 찌푸리게 한다. G 골프는 2015년 매출 2,016억 원에 영업이익 496억 원으로, 24%의 막대한 영업 이익률을 기록하였다. 이 이익의 내용 속에는 가맹점에 주기적으로 시스템을 업그레이드하게 한 이익과 입장한 고객 당 일정액 수수료를 본사가 챙긴 이익이 들어 있다. 불평등 계약을 견디다 못한 가맹점이 조합을 결성하여 본사의 부당함을 신문에 광고하면서 세상에 실상이 알려지게 되었다. 전형적인 갑을 논란으로 피 흘리는 가맹점 등에 올라탄 G 골프의 모습은 벤처업계의 리더로서 아쉬운 모습이 아닐 수 없다.

경영에는 상도라는 것이 있다. 서로 윈윈하는 사이라야 관계가 두터워지고 지속적으로 부가 축적되며, 나아가 해당 산업도 원만하게 발전하는 것이다.

최근에는 기업을 보는 눈이 과거와는 많이 달라졌다. 국제적인 회계기준인 IFRS가 도입되어 회계 투명성이 강조되고, 경영에 있어서 윤리적인 기준이 강화되어 기업가가 기본적으로 회사 재산과 본인의 사유 재산을 혼용하지 못하도록 엄격한 잣대를 적용하게 되었다.

이러한 요구 이전에 사장이라면 기업 보국과 인재 제일을 앞세우며 도전 정신과 혁신적인 사고에 투철하였던 이병철 회장과 같은 기업가 정신으로 무장하여야 한다. 그런 동시에 운명 공동체인 기업구성원들 모두와 함께 성장 비전을 공유한다는 경영 철학도 요구된다.

나는 제대로 된 기업가라면 다음과 같은 몇 가지 덕목은 반드시 갖추어야 한다고 생각한다.

첫째, 시장을 읽고 변화를 리딩하는 사업관이 있어야 한다.
둘째, 직원을 리더로 훈련하고 양성하려는 인재관을 가져야 한다.
셋째, 과도한 욕심을 억제하고 상생하는 상도의를 지킬 줄 알아야 한다.
넷째, 투명한 경영으로 시장의 신뢰를 잃지 않아야 한다.

끝으로 이러한 모든 기업가 정신의 발현은 하늘을 공경하고 사람을 사랑하는 경천애인(敬天愛人)에서 비롯되어야 한다. 이런 기업가 정신이야말로 장수기업을 만드는 필수조건이라고 본다.

3-4 진퇴양난의 CEO

경영학 교과서에 실려 있는 부문별 경영 원리와 원칙을 설명한 내용은 용어가 생경하고 사례의 구체성이 결여되어 큰마음 먹고 읽어 보아도 이해가 쉽지 않다. 이는 아마도 경영 자체가 쉽지 않은 일인 탓도 있을 것이다.

나는 거의 매일 중소기업 사장들을 접한다. 활기 있고 힘이 넘치는 사장도 있지만, 피곤에 절고 분노가 내면에 쌓인 사장이 대다수이다. 기업 경영이 쉽고 재미있다는 사장을 만나는 것은 가뭄에 콩 나듯, 아주 드물다.

그 원인에 관하여 사장님들과 의견을 나누어 보면 대략 예닐곱 가지로 압축할 수 있다.

먼저 고객의 변덕을 맞추기가 어렵다. 어렵사리 납품한 제품을 형편없이 깎아내리고, 클레임을 걸어 반품하고, 결제를 미루는 등 그 변덕을 따라가다가 지치고 만다는 것이다. 그래서 변덕스러운 요구를 거절하기라도 하면, 바로 거래처를 바꾸어 버리는 경우도 적지 않다고 토로한다.

둘째, 광고 비용, 홍보 비용, 프로모션(Promotion) 비용을 얼마까지 들여야 할지 도무지 종잡을 수 없다는 것이다. 최근에는 인터넷 광고 대행업자, 상업적 블로거, 모바일 마케팅 업체 등에서 자기들을 통하여 홍보하지 않으면 시장에서 도태될 것이라고 위협 조로 접근하는 경우도 많은데, 그럴 경우 홍보 효과를 제대로 예견할 수 없더라도 빠듯한 형편에 해당 홍보 비용까지 마련하게 된다고 어려움을 하소연한다.

셋째, 유통경로의 설정이 쉽지 않다. 수익성이 떨어지면 기존 거래처와 다른 경로의 추가를 고민한다. 기존 경로는 수익성이 제한적일 뿐 아니라 시간에 따라 수익성이 하락하는 것이 일반적이므로 경로의 갱신은 기업 존속에 아주 중요한 이슈이다.

넷째, 강력한 경쟁 상대가 가격 인하를 압박하는 것이다. 수익성 하락을 수반하는 경쟁 상대의 진입에 노심초사하는 것은 기업의 숙명과도 같다.

다섯째, 핵심 역량이 진부화하는 것이다. 제품의 한계가 도래하여 숙련된 라인이 붕괴하는 현상은 사장이 크게 고민하는 부분이다.

여섯째, 인적 자본의 한계이다. 더 나은 곳을 찾아가는 것이 인간의 보편적인 속성이기는 하지만 막상 중요 보직자가 떠나거나 핵심 인력이 이직하면 회사는 흔들린다.

일곱째, 재원의 한계이다. 사업을 할 만하면 돈이 떨어지게 된다. 자본 조달은 CEO의 큰 고민거리이다. 투자의 주요 항목인 공장 설비와 운전자본의 부족은 기업의 존폐를 결정하는 중요한 변수이다.

그 밖에도 각종 규제와 법령의 제약을 넘어서지 못한 CEO의 시름이 깊어가는 것도 현실이다.

IT 기업 M사 조 사장은 문헌 정보 서지학 박사이다. 남편은 손꼽히는 대학의 정년이 보장된 항공학 교수이며, 미래 한국 학계의 리더로 주목받는 분이다. 90년대 중반 여름으로 들어갈 무렵에 양재동 M사의 임시 사무실에서 조 사장을 만났다.

내가 담당하던 서울창업보육센터에 입주하기 위한 대면 입주 평가 자리였다. 빼어난 미모와 지성, 품위 있는 자세가 남달랐다. 서지정보를 전산화하여 우리나라를 넘어 세계의 도서관과 문서정보 DB화를 역설하시는 모습에서 참 대단한 꿈과 열정을 가지신 귀한 분이라는 좋은 인상을 받았다. 얼마나 인상이 강렬하였던지 그 여름 첫 미팅 자리의 기억이 지금도 생생하다.

당시 나는 사업의 어려움과 위험(Risk)에 대하여 강하게 경고를 하였다. '사장님의 남부러울 것이 없는 재력과 환경, 행복한 오늘을 보면 사업이 꼭 좋은 것만은 아니다.'라고 나는 여러 번 강하게 사업을 말렸다. 그렇지만 단호한 조 사장님의 의지는 꺾이지 않았고, 드디어 M사는 97년 초 지금 코스닥 등록 기업인 이니시스, 오스템임플란트와 함께 여의도 중소기업진흥공단 10층 창업보육센터에 입주하였다.

조사장은 세계적 서지정보 DB 회사의 꿈을 가지고 우수한 기술 인력도 영입하고, 수차례 시드머니(Seed Money) 펀딩도 성공하였다. 순조롭게 마일스톤을 따라 성장해 가던 회사는 IMF로 기업 환경이 바뀌고, 생각했던 것과 같이 기술 수준이 올라오지 않게 되자, 먹구름이 드리우고 위기에 봉착하게 되었다. 들어가는 돈은 물먹는 하마와 같이 불어나는데 어디에 쓰였는지 표가 나지 않았다. 원대한 꿈을 접고 개발인력 감축, 비용 억제로 체중을 줄이고, 버티기 작전과 IT 하청으로 연명하는 것으로 방향을 선회하였지만, 한 번 사용한 개발 비용은 되돌릴 수 없었다. 견디다 못해 2010년 무렵 파산하게 되었다.

나는 M사의 비전을 달성하기 위해 경영계획을 수정하도록 수차 조언을 하였고, 여러모로 회생 아이디어를 제공하였다. 고객 한 사람을 찾기 위한 영업을 어떻게 전개해야 하는지 조 사장님과 함께 고민하였다. 매출을 늘리기 위한 프라이싱에 연동한 포지셔닝과 고객 만족 유지 방안도 조언하였다. 비용을 통제하기 위한 개발 인력 포트폴리오와 개발 공정 관리 방법론도 전하여 드리고, 주변의 실력 있는 전문가 집단과도 원포인트 레슨을 진행하였다. 주기적으로 정보를 교환함으로써 시장과 기업 역량에 관한 점검과 함께 종합적인 전략도 공유하였다. 그러나 최근까지 이렇다 할 회생의 성과를 올렸다는 소식은 듣지 못하였다.

교과서에 기술된 경영 이론대로 계획을 수립하고 시행하였음에도 불구하고 운이 없어서 파산의 비극으로 연결되는 경우를 수없이 목격한다. 잘못된 패턴을 인식할 수만 있다면 그 패턴을 피하면 되지만, 기업 경영에 동일한 양상이 반복되지는 않는다는 데에 어려움이 있다.

기업 운영에는 정답이 없다고 한다. 반대로 정답이 없기 때문에 계속되는 도전도 있는 것이다. 4차 산업혁명 시대로 일컬어지는 지금은 경쟁 양상이 과거와는 판이해졌다. 과거의 승리 방정식이 오늘의 성장에 걸림돌이 되는 일이 비일비재하다. 그래서 기업가에게는 북극성과 같이 변하지 않는 지향점과 함께 그 지향점을 향하여 나갈 수 있도록 기업의 역량을 하나로 모으는 나침반과 같은 도구가 필요하다. 인적 자본을 리더로 양성하는 교육체계를 고도화하고, 환경이 어떻게 바뀌든지 고객과의 최단 거리를 찾아내는 한편 시장에서 최고의 가격을 찾아 실행해 나가는 방법론의 도입이 절실하다. 아메바별로 경쟁적으로 원가를 절감함으로써 매출 최대와 비용 최소를 지향하는 아메바 경영이 우리나라의 길 잃은 CEO에게 꼭 필요하다.

3-5 취약한 리더십

최근 기업가 정신을 구현하는 리더십이 중요한 경영이슈로 부각되고 있다. 리더십을 멘토링으로 표현하거나 코칭으로 변형해서 부르기도 하지만, 본질은 구성원에 영향력을 미침으로써 직무 열의를 내도록 자극하고 마음을 하나로 묶는 것이다.

글로벌 컨설팅 업체가 2010년 조사한 자료에 의하면 한국 직장인의 단 6%만이 자기 직무에 몰입하고 있고, 10%는 어쩔 수 없이 직장을 다닌다고 응답하였다. 국제 평균 몰입도 21%에 비하면 형편없이 낮은 수준이다. 이러니 우리나라 대다수 사장은 직원들은 믿을 대상이 아니라고 생각하는 것이다. 그에 따라 사장들에게 있어서 직원은 관리, 감독, 감시, 통제로 그나마 성과를 올릴 수 있는 피동적인 존재로 인식된다.

맥그리거(Douglas McGregor)의 X 이론은 잘 알려진 성악설에 그 뿌리를 두고 있다. 인간은 본래 게으르고 노동을 회피하고, 경제적인 동기에 의해서만 노동하는 피동적인 존재라고 바라보는 이 가설에 의하면, 노동자에 대한 통제를 위하여 금전적인 자극, 상사의 명령에 의한 지배, 엄격한 감독이 필수적이다.

왜 우리 사장님들의 마음속에 이런 부정적 생각이 자리한 것일까? 그 원인은 무엇일까?

먼저 비전에 동참하지 못하여 헌신하지 않는 조직원을 방치한 것이 그 한 원인일 것이다. 회사의 목표와 유리되어 회사 이익과 무관하게 하루하루를 나태하게 보내는 간부와 조직원이 기업이라는 상자 내의 전체 사과를 썩게 만든다.

다음은 실력이 없는 관리자와 그 관리자에게마저 초점을 맞추지 못하는 조직원이다. 이들을 사장이 내버려 두면서 실적이 저조해지고 드디어 기업이 난파하는 비운과 마주치게 되는 것이다.

세 번째는 열정 없는 조직이다. 냉소적 조직문화와 마주치면 타던 불도 꺼지는 것이다. 이런 조직적 특성은 문제가 겉으로 드러나지 않고 잠복하여 있다가 기업이 위기에 처하는 결정적인 순간에 비로소 수면 위로 드러나는 경향을 보인다.

네 번째는 직원 평가의 도구가 현실에 맞지 않고 정직하지 않은 구성원을 솎아내는 장치가 기업에 존재하지 않기 때문이라고 본다. 우리 기업이 변화에 취약한 근본적인 이유는 잘못된 리더십으로 인해 제대로 된 팔로워십(Followership)을 형성하고 이 수준을 확인할 능력이 부재한 탓일 것이다.

리더십이 부재한 회사는 의견이 갈려 회사의 에너지가 통합되지 못하고, 추진력이 상실되고 실적이 부진해지는 단계를 거친다. 한마디로 표현하면 배가 산으로 가도 바로잡을 사람이 없는 것이다. 기업 실적이 적자이지만 이 원인을 경영진이 깨닫지 못하고 적정한 조처를 하지 않아서 회사의 동력이 계속 빠져나가 회복 불능이 되는 것이다.

아메바 경영에서 추구하는 경영 방향과 대비하여 망한 회사의 근본 원인을 몇 가지 살펴보고 인사이트를 얻어 보자.

먼저 장사꾼이 넘치는데 기업가는 적다. 제대로 된 사람은 CEO 리더십이 얄팍한 회사에 들어갈 생각을 하지 않는다. 그리고 그런 기업에 들어온 사람은 실적을 내는 방법도 모르고, 배우려는 생각도 없다. 그래서 경쟁자가 출현하면 주력 시장에서 제대로 된 싸움을 해보지도 못하고 다른 방향으로 전선을 돌리는 것이다. 그 기업이 주력 시장을 떠나 새로운 시장으로 도피한다고 해서 그 시장에 경쟁 상대가 없을 리가 없다. 오히려 시장이 새롭게 열릴 기미가 보이면 돈 냄새를 맡은 큰 기업이 어김없이 숟가락을 들고 덤비는 것이 시장 이치이다.

또 실패한 리더는 쟁기를 잡고 뒤를 돌아본다. 지나 가버린 일확천금의 기회에 연연하거나 과거의 영화에 안주하면서 기업의 핵심 역량이 훼손되고 성장에서 멀어져 가는 것이다. 회사에서 사장이 부동산 투기에 한눈을 팔거나 경영 혁신을 게을리하는 사이에 회사의 분위기는 흐려지고, 거래처는 이탈한다. 거래처 이탈의 원인은 불량률 증가로 인한 클레임 증가, 납기 지연, 결품 등이다. 거래처가 이탈하면 현금 흐름 불량, 수익성 악화 등 갖가지 악영향이 회사의 근간을 흔들고 뿌리를 상하게 한다.

정부의 저금리 정책 자금을 레버리지로 활용하여 고금리 상품, 주식 투자로 한탕을 노리는 CEO 역시 잘되는 경우가 없다. 업계에서 과도하게 낮은 임금을 유지하는 것도 행복한 경영과 거리가 있게 마련이다. 그 리더십을 따르는 팔로워도 대다수가 값싼 팔로워이다.

경영에서는 어느 경우를 막론하고 수익과 비용에 대응한 결과 현금 흐름이 플러스가 되어야 한다. 현금 흐름이 마이너스가 되면 전사적으로 문제점을 분석하고 대책을 모색하여야 한다. 이 일을 소홀히 한 채 맞이한 기업 경영 리스크로 인하여 국가, 업계, 업종, 지역에 문제가 발생하는 경우가 비일비재하다. 미리미리 대응하지 못하고 수면 위로 문제가 불거진 이후에는 막대한 비용을 들이고도 바로잡기가 쉽지 않다.

외부 충격이 올 때, 평소 저렴한 인건비에 의존한 실력 없는 기업과 사장은 근본부터 흔들리는 것을 보게 된다. 얼마 전 개성공단이 폐쇄되자 입주한 기업들은 갑자기 패닉에 빠졌다. 123개에 이르는 크고 작은 기업이 공단 폐쇄를 대비하지 못하였다고 아우성쳤다. 영문을 알 수 없는 긴급한 결정으로 남북문제 리스크가 급작스레 현실화하여 산업계에 막대한 영향을 초래한 것이다. 입주 기업들은 뒤늦게 하청 생산업체를 구하고, 사업 구조를 바꾸느라 이중의 고통을 겪었다. 그런데도 역량이 갖춰진 일부 업체는 그 기회에 컨설팅을 통하여 차분하게 새로운 사업으로 방향을 선회하는 것을 보면서 리더십의 중요성을 절감하게 된다.

모든 산업의 경쟁 강도는 시간이 지나면 지날수록 강하여질 수밖에 없는 것이 시장의 구조이고 원리이다. 초기 맹아기에는 몇몇 선도 기업이 시장을 성장시켜 나가지만 어느 정도 시장이 커지면, 외부의 경쟁 상대, 전방 원료 공급자, 후방 소비자가 시장으로 진입한다는 것이 마이클 포터가 주창한 경쟁이론이다. 여기에서 언제나 승리하기란 쉽지 않은 일이다.

IMF 전후로 미도파, 해태, 진로, 쌍룡, 한보철강, 동서증권, 제일은행, 기아자동차, 대우그룹 등 열거하기에도 벅찬 수많은 기업군의 명멸을 보면서 왜 우리는 사전에 부실의 뿌리를 보지 못하였을까 하고 고민한다. 수익성과 현금 흐름을 간과하고 사업을 운영하면서, 선단, 그룹, 대마불사 등을 믿으면서 시장의 변화를 제대로 읽지 못하고 역량을 기르지 못한 리더십이 자아낸 결과는 전쟁 이상으로 비참하고, 막대한 국민 혈세와 사회비용으로 그 문제를 해결하게 된다.

최근에 투하자본수익률(ROIC: Return of Invested Capital)과 가중평균자본비용(WACC: Weighted Average Cost of Capital)에 의한 수익률을 근거로 투자 여부를 결정하는 고도화된 투자의사 결정이 중요하게 두드러지고 있다. 이러한 흐름도 근원적인 해결 방안이 되지 못하는 것은, 이를 관리하고 성사시키는 것은 내부 인적자원 역량이 제대로 가동될 때 가능하기 때문이다.

모든 기업은 망한다고 역사는 증언한다. 놀랍게도 기업을 일으킬 때의 성공 방식이 그 원인이 되는 경우도 많다. 모든 부실 뒤에는 리더의 잘못된 결정과 그 잘못을 추종했던 팔로워가 있다.

결론은 사람이다. 그 내부 구성원을 하나로 묶고 한 방향으로 움직이게 하는 리더가 고객의 변화를 외면하고 과거의 성공 신화에 안주하는 순간 기업은 성공항로를 벗어나 엉뚱한 방향으로 접어들게 된다. 모든 조직원의 행동을 시장과 고객에 향하게 하는 것은 사장의 생각에서 비롯된다. 사장은 기업의 운명을 쥐고 있는 자로서 진정성 있게 시장과 기업 내부의 상황을 냉정하게 직시하는 한편 직원의 마음을 하나로 모으는 따뜻한 마음으로 겸손한 자세를 유지해야 한다.

우리나라 성장 엔진이 정체된 지금 제대로 된 리더십이 더욱더 절실하다.

3-6 기본이 없는 회사

지구상에서 가장 오래된 기업은 곤고구미(金剛組)라는 일본 기업이다. 호오류사가 생길 때 기와공, 석수, 목수 등을 기반으로 출발하였으니 대략 1,400년의 역사를 자랑한다. 백년대계라고 했는데 백 년을 14회나 거듭하고 오늘까지도 그 명맥이 이어지고 있다. 대단하지 않은가.

일본은 세계 산업사의 갈라파고스라고 불릴 정도로 장수 기업의 천국이다. 백 년 이상 된 회사가 3만 개가 넘는다는 보고가 있다. 전 세계 장수 기업의 절반이 일본에 있다고 하니 그 원인이 무얼까 생각하게 된다. 혹자는 만세일계로 표현하는 일본의 천황제도 아래 정권만 바뀌는 정치체계를 이유로 댄다. 또 모노쯔꾸리라는 점진적인 개선 활동을 들기도 한다.

산업사가 일천한 우리나라는 백 년 기업이 손에 꼽을 정도이다. 주지하는 바와 같이 두산, 동화약품, 몽고간장 등 정말 몇 개가 되지 않는다. 물론 역사가 쌓이면 우리나라도 장수 기업이 많이 나오겠지만 장수를 위해서는 실력 있는 기업이 필요하다. 왜 실력이 축적되지 않았을까는 차치하고 기본적으로 망하기 때문에 실력이 없다고도 볼 수 있다.

기본기가 갖추어지지 않아서 한 번의 성공을 계속된 성공으로 이어가지 못한 수많은 사장님의 아픔을 되풀이하지 않기 위해서라도 기본을 다시 한번 되돌아보아야 한다.

실패한 기업의 특성을 알아보자.
첫째, 실패한 기업은 직원이 왜 그 일을 하는지 잘 모른다. 한마디로 직무에 대한 정의를 제대로 내리지 못한다.
그래서 목표를 세우지도 않고 달성에 대한 점검도 없다. 이런 회사를 보면 으레 상사는 직원이 묻기 전에 부하가 왜 그 일을 해야 하는지에 대해 설명하려는 노력이 미흡하거나, 아예 직무 정의라는 개념을 모른다.
일하면서 왜 그 일을 하는지 의미를 이해하는 것은 매우 중요하며, 일의 결과를 알고 있는 것과 그렇지 않은 것과는 차이가 크다. 고객이 다른 거래처로 가도 고객을 담당하는 담당자에게 달라지는 것이 없다면 회사는 존속할 수 없다. 기본이 없는 사장은 고객이 이탈해도 담당자와 문제 원인을 논의할 생각을 하지 않는다.
근본적 원인은 직무 정의가 불명확하고 보상과 처벌이 모호하기 때문이다.
바람직한 회사가 되려면 먼저 문제점과 달성 목표를 구체적으로 설명하고, 해결책을 논의하며, 성공 시 기대 이익과 실패 시 나타날 현상에 대하여 설명하여야 한다. 즉각 보상이 돌아가지 않는 경우에는 아메바 경영에서 말하듯이 회사의 영광과 명예를 위하여 당신이 꼭 필요하다는 말을 공개적으로 계속 전달하면서, 기회가 되면 보상을 한다는 명확한 설명이 필요하다.

둘째, 실패한 기업은 업무 성과와 보상이 일치하지 않는다.
주기적인 업무 성과 체크와 그 결과 이력관리가 되지 않고 성과 보상과 분배에 대한 관심도 없다.
셋째, 제대로 일하지 않는 직원도 불이익이 없다.
넷째, 직원에게 열정이 없다.
사장의 열정이 중간 단계에서 소멸하여 현장에 전달되지 않는다. 사장과 직원이 서로 공감하고 소통하지 않는다.
다섯째, 직원 성장 프로그램이 없다.
그래서 현장에서 하는 잔소리를 교육으로 간주하거나 선임자의 현장 경험을 답습하는 수준에서 교육한다. 작업 현장에서 일할 줄 모른다는 얘기를 할 수 없는 분위기가 일반화되어 있다. 일 못 하는 것이 수치가 되지 않고 성과도 관리되지 않는다.
여섯째, 안되는 회사일수록 업무 지시가 모호하다.
얼마의 가공, 얼마의 매출 목표, 얼마의 일을 해야 하는지 시간과 조건을 고려한 구체적인 지시가 없다.
일곱째, 업무의 우선순위가 계속 바뀐다.
그 이유를 현장에서 이해하지 못하거나 또 현장 의견이 무시될 때 사장은 신뢰를 상실한다.
여덟째, 불가능한 업무라는 이상 징후가 보여도 방치한다.
상사는 문제를 해결하기 위해 존재한다는 기본적인 사실을 이해하지 못한다.
마지막으로, 문제 원인을 외부로 돌리고 핑계 대는 사람이 많다.
보이지 않는 곳에서 서로를 비난하고 조직에 다툼이 일며, 책임 소재가 명확하지 않은 문제가 만연하게 되면 회사의 상황이 꼬여만 간다.

이러한 조직 운영상 문제가 누적되면 우려하던 상황이 표면화되어 나타난다. 먼저는 우량 고객이 이탈하고 불량 고객이 유입되면서 현금 흐름이 나빠진다. 우수 직원이 이직한다. 불량이 증가한다. 재고가 쌓이고 생산라인에 걸린 반제품도 늘어난다. 공정마다 대기시간이 길어지고, 결품 발생 빈도가 증가한다. 출고된 제품이 엉뚱한 곳에 가 있고 재고 숫자를 맞추기 위해 별도의 엑셀프로그램으로 수량을 유지한다. 오포장, 수송 중 분실 등 식별이 불가능한 제품의 수량이 늘기도 한다. 불출 책임자의 지시나 통제 없이 윗선의 지시로 특별하게 제품 출고가 잦아진다. 최종적으로는 매출은 일어나는데 수금이 야금야금 줄기 시작한다. 채권이 누적되면서 불량채권으로 상각처리를 하여야 하는 경우도 증가한다.

이업종융합교류회 서울연합회장을 하시던 박 회장님의 실패 사례를 생각하면 지금도 가슴이 먹먹하다. 박 회장은 대학 졸업 후 대한통운에서 80년대 초부터 직장 생활을 시작하였다. 당시 대한통운은 막 민영화되어 동아그룹으로 편입되었다. 당연히 내부 조직은 탄탄하였고 인재는 넘쳐났다. 여기서 꿈을 가지고 일을 제대로 배워서 수출하는 물량을 기반으로 1992년도에 독립을 하였다. 지금 보면 스핀오프(spin-off)인 셈이다.

삼성전자, 엘지 등 일류 기업의 물동량을 확보하여, 선적 오더가 바로 현금이나 마찬가지일 정도로 안정성, 수익성, 발전성이 좋았다. 박 회장의 고객이 바로 대한통운의 알짜 고객이고, 모회사인 대한통운에서 뒤를 봐주니 순풍에 돛 단 격으로 사업이 확장 일로로 발전했다. 봄날 같은 경영의 시간이 흘러가고 어느덧 중견 기업인으로 발돋움한 박 회장은 회사 규모에 걸맞게 이업종융합교류 서울연합회의 500여 회원사의 수장으로 피선되어 업계에서 정관계까지 활동 범위를 넓혔다. 그러나 호사다마라고 대외 활동에 너무 많은 시간을 보내다 보니, 함께하던 직계 부하가 야금야금 회삿돈을 빼돌린 것을 몰랐다. 회사에 자금이 원활치 않다는 것을 깨닫고, 외부에 의뢰하여 회계 감사를 하였지만 한번 기운 사업은 되돌릴 수 없었다. 2012년 매출 185억 원을 정점으로 회사는 다른 사람의 손으로 넘어가게 되었다.

여기서 우리는 기본이 되어 있지 않은 회사의 비극적인 종말을 보게 된다. 허장성세로 기본이 없이 대기업 거래만으로 만들어진 신기루와 같은 회사의 최후는 부도로 이어지는 것이다. 그렇지만 부도가 발생하기 전까지 그 사실을 까맣게 모르고 대외활동에 열을 올리는 사장은 부도가 발생한 순간을 경험하지 않으면 그동안 쌓아온 인맥과 사업기반이 얼마나 허망한지 모를 것이다.

직원이 회계 정보를 공유하는 아메바 경영에서는 절대로 부정을 생각할 수 없다. 사람 본성에 바탕을 둔 회계 원칙을 시행하고 있기 때문이다. 나아가 영업 관점에서 고객 변화를 미리미리 관리하며, 영업 아메바의 실적과 회사의 수익이 매출 채권과 실제 장부를 통하여 투명하게 즉시 확인되므로 부정이 개입할 수 없다.

박 사장이 그때 아메바 경영을 알았더라면, 그리고 회사에 적용했더라면, 고객이 입금한 돈을 함부로 빼내 갈 수가 없었을 것이다. 출금 전표와 출금 지출 결의서는 각각 다른 사람이 관리하고 회사 인감도 별도로 보관되고, 회사의 총계정원장과 통장 잔액, 그리고 매출 채권 잔고 대차가 매일매일 확인되기 때문이다.

기본기가 탄탄한 회사를 만드는 데는 CEO의 비전이 필요하고, 이 비전을 구현하기 위해서는 매출로부터 시작하여 각 요소 비용을 연결하는 가치사슬(Value Chain)을 달성하고자 하는 전사적인 노력이 요구된다.

아메바 경영을 통하여 이 루틴을 쉽고 편하고 안전하게 달성할 수 있다.

3-7 성과주의 경영의 폐해

유행가는 시대상을 반영한다. 우리나라의 경우를 보면, 1945년 이후에는 해방의 기쁨과 환희를 노래하였고, 50년대에는 전쟁의 상흔을, 60~70년대는 새로운 사조를 반영한 사회 관점의 전환을, 80~90년대에는 경제적 성장을 노래하였다.

경영 이론 역시 그 당시 삶의 방식과 시대상을 반영한다. 돌이켜보면 과거 성장기의 경영 관점은 지금과는 확연하게 다르다.

경영학을 만들었다고 추앙받는 피터 드러커는 1950년 경영의 실제(The Practice of Management)를 발표하면서 경영계에 큰 반향을 일으켰다. 이후 우후죽순 격으로 각 대학에 경영대학원이 설립되고 경영·경제계에 MBA(Master of Business Administration) 열풍이 불었다. 그러면서 경영 이론으로 무장한 일군의 경영컨설팅 집단이 한 시대를 풍미하였다. 이들은 기업 성과를 제고하는 다양한 방법론을 제시하면서 경영 기법의 발달과 경영 사조를 이끌었다.

학문적 관점에서 서구 경영 이론이 우리나라 기업 경영에 미친 영향은 지대하며, 과거 기업 성과의 밑거름이 되었다. 그러나 서구 경영 이론은 공도 있지만, 그 그림자도 적지 않다. IMF 사태와 글로벌 금융위기를 겪으면서 그 부작용은 크게 드러나고 있다.
지난 시절 대기업 그룹으로 한 시대를 풍미하던 기아자동차, 대우그룹, 쌍용그룹, 해태그룹, 진로그룹, 웅진그룹 등의 몰락에서 우리는 교훈을 얻어야 한다.

이들과 좀 다른 측면에서 엄청난 성장 가도를 달리던 벤처 기업들이 일순간에 붕괴한 과정 역시 시사하는 바가 크다.
T 테크는 장 회장이 산업처리 공정 및 제어 장비 제조를 사업 모델로 1988년 설립한 회사이다. 우리나라의 화낙으로 지칭되며 세간의 부러움을 사며 성공 가도를 달렸다. 주력 제품으로 CNC 가공기의 머리에 해당하는 컨트롤러와 산업용 기계장비 컨트롤러 등을 생산·판매하여 성공적으로 시장에 자리를 잡고, 1997년 코스닥 시장에 진입하여 승승장구하였다. 벤처기업의 상징과도 같은 영향력을 행사했던 T 테크가 양도성예금증서(CD)를 악용해 700억 원의 분식회계를 한 사실이 드러나면서 어두움이 드리워졌다.
2005년 시장의 신뢰를 잃은 장 회장은 경영 일선에서 물러났다. 한때 벤처기업 리더로, 활발한 대외 활동으로 유명인 못지않은 인기를 누렸고, 우리나라 벤처의 성공 모델로 불렸던 그였다. 그러나 재고 압박을 분식회계로 치장하여 700억 원대의 재고를 현금으로 바꾸어 결산한 죄로 고객과 회사, 나아가 자기 삶의 터전까지 잃게 된 것이다.
2000년 초반 우리나라의 대표적 소프트웨어 회사였던 L사 김 사장도 결국 분식회계의 덫에 걸렸다. 김 사장은 수익은 부풀리고 손실은 줄이는 수법으로 530억 원을 분식 회계한 죄로 실형을 선고받았다. 김 사장은 사고가 터지자 주주님들께 드리는 글을 통해 개인 대출 자금으로 주가 하락에 따른 손실을 메우고 가공 매출한 흔적을 지웠다고 고백하였다. 그는 주가가 무서운 속도로 급락하던 시기에 주식 투자 손실이 대거 발생하자 회사의 싼 주식을 비싸게 사서라도 주가를 부양하려고 하였지만, 주가 부양은커녕 이자만 눈덩이처럼 불어났다고 후회했다.

김 사장의 불법행위는 벤처 1세대 대표 주자가 저지른 비리라는 점에서 업계 전반에 미치는 파장이 클 수밖에 없었다. 벤처기업 리더의 잇따른 일탈과 실족은 벤처기업인 전체에 대한 불신으로 번졌다. 실제 기업 가치보다 고평가된 주가를 지탱하기 위해 본업은 뒷전에 두고 돈으로 이를 해결하려는 안이하고도 비겁한 행태는 코스닥 시장과 벤처기업 생태계에 돌을 던지는 행위이다. 시장의 불신을 되돌리는 데는 얼마나 많은 시간과 제도 개선이 뒤따라야 할까.

기업이 그 본업인 기술 개발이나 신규 사업에서 수익을 올리기 위해 땀 흘리는 노력을 게을리한 채 주가 조작이나 분식회계와 같은 눈앞의 달콤한 유혹에 탐닉한 결과는 기업 몰락이라는 비극으로 이어진다. 시장 관계자는 이구동성으로 분식회계에 연루된 기업들은 과거 실패한 거대기업과 비슷하게 변화에 실패한 기업들이라고 꼬집었다. 시장과 연결된 고객과 수익 모델은 없는데 투자자의 기대 수준에 부응하려다 보니 능력 이상으로 일을 벌여 결국 벤처기업 생태계 전체에 손해를 끼치는 지경이 된 것이다.

상장 회사 처지에서 보면 환경에 따라 단기에 주가가 변동하므로 시장에서 자유롭기 어렵다. 경영 실적에 따라 주가가 변동되고, 이에 따라 수익이 갈리게 되므로 주주는 민감하게 반응하게 된다.

한편 기업실적이 개선되었음에도 주식시장이 전혀 반응하지 않거나, 그 실적의 변동이 시차를 두고 주식 시장에 반영되는 경우도 적지 않다. 그러므로 기업가 입장에서는 어느 장단에 춤을 추어야 할지 예측하고 멀리 보면서 대응하는 것이 쉬운 일이 아니다.

그리고 시장은 승자 독식에 의한 원리가 냉혹하여 선도 업종, 선도 기업이 아닐 경우는 경영 실적에 더 민감하게 반응하게 된다. 이것이 반복되다 보면 성장 동력과 무관하게 기업에서는 단기 전략의 실행이 잦아지고, 급격한 경영 전략 선회로 대응하므로 자원 낭비로 이어지게 된다.

좀 더 나쁜 쪽으로 변질되면 내부자 정보를 이용한 주가 조작과 분식회계 유혹을 끊기가 어렵다. 단기 대응의 끝은 기업이 시장에서 퇴출 당하는 것으로 막을 내리게 된다. 정보 비대칭을 활용한 시장 교란도 기업 신뢰와 성장 동력을 갉아먹는 원인이 된다.

자본주의 경제의 최대 걸작이라는 주식회사는 주주 이익을 기반으로 존재한다. 그런데 딜레마는 경영 활동을 통하여 창출한 이익 귀속과 관련하여 분배 정의의 요구를 충족하여야 한다는 매우 곤란한 과제도 자리 잡고 있다는 것이다. 모든 성과를 주주가 가져가게 되면 내부의 직원은 소외되고 만족하지 못한 상태에서 근무함에 따라 기업의 지속 가능한 경영이 위협받게 된다.

분배 정당성을 확보하기 위해서는 주주 외에도 항구적 매출의 원천이 되는 고객, 원가를 절감하고 혁신 활동을 통하여 기업 가치를 높인 내부 임직원 등 이해 당사자들 사이에 서로의 이익과 욕망을 타협할 필요가 있다. 공동의 발전을 추구하려는 끊임없는 상호 이해와 양보가 필요하다.

이제는 지속 가능 경영 방법으로 전임직원의 행복을 추구하는 동시에 사회와 인류의 진보와 발전에 기여하는 아메바 경영의 도입이 필요한 시점이다. 기업 성장 동력을 유지하면서 새로운 동력을 추가하는데, 아메바 경영보다 좋은 방법이 없다.

Chapter 04

한국 기업의 재도약을 위한 아메바 경영 관점

4-1 성장의 조건

기업이 제공하는 제품과 서비스가 가격, 품질, 납기, 소비자 만족도 등에서 경쟁력을 상실하면 시장에서 퇴출당한다. 뒤집어 말하면, 가격과 품질 그리고 납기 등 경쟁력을 유지하면 시장은 그 기업을 외면하지 않는다.

시장에서 가격과 품질 그리고 납기로 경쟁하여 고객을 만족시키는 기업만이 살아남고 성장할 수 있다. 기업은 고객의 만족에서 말미암는 성장을 먹고 자란다. 성장에는 고통이 따른다. 성장통이다. 이 시간이 길어지면 성장을 겁내고 피동적으로 되어 성장을 거부하고 정체하게 된다. 대다수 기업이 이 수준에 머무른다. 다른 생각을 하는 사람들이 모여 한 방향으로 지혜를 모으고 행동을 모으고 성과를 내도록 루틴을 완성하기가 쉽지 않다. 그러나 장애가 있다고 해서 성장을 멈출 수는 없는 노릇이다. 성장의 조건을 달성하는 방안이 없는 것은 아니다.

먼저는 회사에 이익을 주고 경영의 외연을 넓힐 고객을 정의하는 것이다. 그 고객은 고정되어 있지 않고 상황과 시간의 흐름 속에서 갱신된다. 그 변화를 사장, 관리자, 현장이 함께 공유하고 더 나은 제품과 서비스로 고객 만족을 끌어올리려는 활동이 루틴으로 자리 잡아야 한다.

다음은 내부의 인재를 양성하고 그 양성된 인재가 시장과 차별된 사고, 행동, 활동을 통하여 기업의 핵심역량을 강화시켜 나가야 한다. 교육계획은 회사의 사정과 외부 환경이 바뀌는 것을 고려하여 장기적인 관점에서 큰 그림이 그려지고, 이것이 연간 계획으로 만들어져 전 임직원에 공지되어야 한다.

그리고 비용을 절감하고 생산성을 높이고, 그러한 활동을 측정하고 평가하고 수정할 정보를 생산, 유통, 관리하는 시스템이 뒷받침되어야 한다. 아메바 경영이 성공한 배경에는 현장의 상황을 숫자로 변환시키는 강력한 관리회계 시스템인 시간당 채산 제도가 있다.

K 정밀 김 사장님은 금형산업진흥회 전 회장이었다. 김 사장님은 아메바 경영의 진수를 이해하고 공감하여, 자생적으로 회사 경영에 아메바 경영을 접목하여 실천하였다.

김 사장님의 영업 비결의 첫 번째는 금형을 사용하는 기업의 고객 만족도에서 출발한다. 금형 산업의 특성상 국내 시장은 대형 가전기업의 협력사에 납품하는 것을 비즈니스 모델로 하고 있다. 그런데도 늘 김 사장님은 최종 제품 점유율과 고객 동향을 생각하여 제품 개선을 고민하고, 협력사에 한발 앞서서 제품 개념과 설계에 반영하려고 노력한다. 그리하여 최종 제품에 대한 소비자의 만족이 어떻게 변화하는지가 김 사장의 금형 제품 제작에 있어 주요한 관리 포인트가 되었다.

두 번째는 철저한 원가 관리로 타제품보다 내구력은 높고 수정은 적은 설계와 납품 방식을 만들고, 계속된 보완과 개선을 추구한 것이다.

세 번째는 아메바별로 시간당 채산성을 높이기 위해 전사적으로 정보를 공유하는 것이다.

원가 절감 사례 축적과 다음 제품에 즉시 반영하는 것이야말로 회사의 성장 동력이 되고 나아가 핵심 역량으로 자리 잡는 것이다. 이 선순환 루틴을 완성하기 위하여 기존 직원은 새로운 직원이 빠르게 동화하고 성장할 수 있도록 지도하고, 그 새로운 직원이 앞으로 아메바 리더가 된다는 마음의 준비를 하게 한다. 수주, 생산, 재고, 매출 채권이 망라된 회계 정보를 실시간으로 파악한다. 그리고 이 정보를 회사 직원이 공유한다. 이를 통하여 수주 관리, 공정 관리, 납기 관리, 품질 관리, 매출채권 관리를 통합 운영하고, 이 관리 지표에 따른 현금 유입과 유출 차이 관리를 현금 흐름 관리로 연결해 나간다.

이러한 전사적 활동 공유와 공진은 근본적으로 전 임직원의 역량 성장을 철저하게 촉진하는 방향으로 전개된다. 매년 세우는 교육 계획도 아메바별로 최고로 필요한 부문과 취약 부문을 함께 검토하여 대내 멘토, 대외 멘토 교육, 강사 초청, NCS 기반 교육, 외부 위탁 교육과 나아가서 학위 과정도 지원하는 방향으로 노사가 그림을 함께 그려 나간다.

아메바 경영이 추구하는 일하는 사고방식, 업무에 대한 태도, 나아가 전문지식을 겸비하도록 전 임직원을 자극하고 평가하고 개선하여 나간다. 어제보다는 오늘, 오늘보다는 내일 더 도전 정신을 불태우는 조직이 되도록 함께 비전을 만들어 나간다. 비전 진화를 통하여 생각을 갱신해 나간다. 기업 공동체를 유지하는 데 필요한 이익을 중심에 놓고 모든 직원이 하나로 똘똘 뭉쳐 업무에 매진함으로써 행복한 일터를 만들고, 행복을 보존하고, 그 행복을 나누어서 거래처로 퍼뜨려 나간다.

아메바 경영의 최종 목적지는 리더를 양성하고 내부의 리더가 연관을 맺고 있는 거래 기업에 선한 영향을 미치고 그것이 기업 발전, 나아가 공동체 발전으로 이어지는 것이다.

아메바 경영의 실천 과정이 그리 녹록하기만 한 것은 아니다. 사장이 자신의 주머니를 봉하다시피 해야 하고, 직원이 사장의 뜻에 함께 공감해야 그 의미가 퇴색되지 않는다.
지금 당장 한꺼번에 모든 것을 고칠 수 없다고 시도조차 하지 않아서는 안 될 것이다. 지금 바로 결단해야 한다. 크게 보면 잃을 것도 많지 않다.
필요한 것은 더 나은 세상을 만들기 위해 오늘 나무 한 그루를 심는 것이다. 이것이 이나모리 가즈오가 주창하는 아메바 정신이다.

4-2 생태계를 좀먹는 승자 독식

기업의 목적은 이익이다. 왜 이익을 추구할까? 이익의 뒤에는 존재가 있고, 그 존재를 유지하기 위해 모든 시스템은 전략적으로 활동한다고 리처드 도킨스(Richard Dawkins)는 유기체가 생명을 이어가는 방식을 설명한다.

기업 생태계에서는 각 기업은 비교 우위를 통하여 경쟁력을 강화하기 위한 전략으로, 규모의 경제를 도모하여 대기업으로 몸집을 불리고 최후에는 독점을 추구한다. 미국의 기업 성장사도 독점 확대의 역사이다.

석유왕 록펠러(John D. Rockefeller)는 1863년 정유회사 스탠더드 오일을 세웠다. 스탠더드 오일은 연관 기업을 인수하며 덩치를 키워, 1880년에는 미국에 유통되는 연간 360만 배럴의 석유 가운데 95%가 록펠러의 손을 거쳐 유통될 정도였다.

철강왕 앤드루 카네기(Andrew Carnegie)는 1863년 키스톤 교량 회사를 설립하고 철강 분야에 뛰어들었다. 성장 가도를 달려 1875년 에드거 톰슨 강철 회사를 설립하였다. 그는 1886년 피츠버그 근교 홈스테드(Homestead) 제철소 매입 등과 더불어 석탄, 철광석, 광석 운반용

철도, 선박 등을 수직 계열화하는 철강 트러스트를 구축하였다.

빌 게이츠(Bill William H. Gates)는 1975년 19세 때 하버드 대학을 중퇴하고 고교 선배인 폴 앨런과 함께 마이크로소프트사를 설립하였다. 1984년 출시한 MS 윈도우는 전 세계 개인용 컴퓨터 91% 이상에서 사용되고 있으며 마이크로소프트사는 전 세계 107개 국가에 영업망을 갖춘 글로벌 거대 기업이 되었다.

1998년 래리 페이지(Larry Page)와 세르게이 브린(Sergey Brin)이 공동으로 설립한 구글은 2004년 나스닥에 상장되었다. 앞으로 구글이 인터넷 검색 시장을 독점적으로 지배하게 될 것이라는 우려가 가시화되고 있다. 구글은 2006년 유튜브, 2007년 더블클릭, 2011년 모토로라(Motorola)의 휴대전화 사업부를 인수, 모바일 시장까지 사업 영역을 확장하였다.

시장 지배력을 확보한 거대 기업은 중소기업의 성장을 억압하여 소비자의 선택권을 박탈하고 독점을 통하여 이익을 극대화한다. 우리나라에서도 시장 지배력을 보유한 대기업과 중소기업 간 경영지표의 격차는 현격하다. 그리고 그 격차는 점점 사이가 벌어지고 있다. 2010년 대기업의 매출액 영업이익률은 10%대, 중소기업은 4%대를 기록하였다. 순이익률 격차 역시 5%를 유지한다. 이에 따른 임금 격차도 중소기업이 대기업의 60%대로 산업 평화를 해친다는 지적이 강하다. 대기업과 중소기업 간 경쟁력 차이의 원인으로 지식과 정보화 격차를 들 수 있다. 글로벌 지식 정보화가 가속된 산물로 서비스 영역이 부가가치 창출의 주요한 수단이 되어 간다. 이로 인하여 대기업 정보 인프라와 중소기업 정보 인프라 격차가 경쟁력 격차 나아가 임금 격차로 이어지는 것이다.

또 다른 이유로는 업종 한계를 들 수 있다. 첨단 IT 산업 분야는 대기업이 선점하면서 산업 인프라를 독점적으로 공급함으로써 수익 모델을 완성하여 중소기업 진입이 곤란하다. 또 대규모 고객이 존재하는 소재, 원료 분야 역시 규모 경제를 앞세운 대기업의 몫이다.

또 한편으로는 중소기업이 주력하는 경공업 분야는 중국, 베트남 등 후발 개도국으로부터 단가 인하 압력에 시달리고 있는 점을 들 수 있다. 이들 중소기업의 산업 경쟁력이 약화 일로에 있는 결과 대기업과 임금 격차는 더 확대되고 있다.

우리 중소기업 생태계는 아직 대기업 하청구조를 벗어나지 못하고 있다. 가령 자동차는 70%의 부품을 하청기업이 모기업에 납품하는 구조이다.

우리 중소기업의 대기업 납품 비중은 61%로 일본의 51%에 비해 10%P나 높다. 그리하여 대기업의 원가 인하 압력에 그대로 노출되어 이익 및 임금 격차가 더 벌어지는 것으로 보인다.

우리나라와 달리 토요타는 혁신 활동으로 절감한 원가, 공정, 기능 개선에 대한 보상과 이익을 공유하는 성과 공유제를 시행한다. 이를 통해 하청 기업 혁신 활동을 지원함으로써 전체 산업 생태계의 경쟁력을 강화하는 전략을 구사한다.

공정거래위원회에는 매년 500건 이상 불공정 거래 신고가 접수된다. 중소기업이 웬만해서는 제소하지 못한다는 점을 고려하면 동반 성장을 통한 산업 평화의 구축 노력이 절실하게 요청된다. 자영업 몰락과 중산층의 몰락, 산업 경기 후퇴 뒤에는 이런 근본적인 기업 간 힘의 불균형이 큰 원인으로 자리하고 있다.

인수합병(M&A)을 통한 시장 통합, 시장 질서를 교란하는 불공정 행위, 권리 침해 등을 방치해서는 산업 평화는 요원하다.

자본주의의 꽃인 주식을 활용한 스톡옵션 제도는 기업의 성공을 위한 전략으로 한동안 크게 각광을 받았으나 그 역기능도 만만치 않다. 스톡옵션을 행사하여 거부가 된 사장이 회사의 장기적인 실적보다는 단기 주가 부양을 위한 수익성만 염두에 둔 경영을 한 결과 오히려 그 존속이 위태로워진 기업들도 적지 않다. 핵심 인력이 기업 위기의 목전에서 돈만 챙겨서 회사를 떠나는 기현상이 생기기도 한다.

한편 영업이나 특정 부서에 비중을 둔 경영을 하면서 기본급은 적게 하고, 실적급을 크게 하여서 성과보상제를 채택하는 기업이 성공적으로 성장하는 경우도 찾아볼 수 없는 것은 아니다. 그러나 과도한 성과급 제도는 순기능보다 역기능이 많다고 이나모리 가즈오는 강하게 비판한다. 성과의 근원이 실제로 그 영업사원의 실력보다는 우리가 알 수 없는 경기변동과 경쟁 강도의 변화, 다른 직원 노력의 결과일 수도 있기 때문이다. 경기 하강기에 실적이 부진할 때 생활급에 미달하는 실적급으로 직원 생계가 쪼그라드는 것을 막을 방도가 없다는 이유도 있다. 과도한 급여 차이는 조직 간 위화감으로 이어져서 부서 간 협력, 내부 인력 간 협력이 깨지는 것도 한 이유로 들었다.

삼성전자를 비롯한 대기업의 과도한 이익 배분제(Profit Sharing)에는 사회 전반에 가진 자와 그렇지 않은 자 간의 위화감을 조성하는 역기능도 있다는 점을 반드시 염두에 두어야 한다.

우리는 어느 한순간, 한때, 한 시기에 시류에 영합하는 경영 원리에 따라 기업을 경영하기도 한다. 그러나 그 원칙에 따라 한번 자원이 배분되면 그 자원 배분의 비가역성은 기업의 영속에 장기간에 걸쳐

중대한 영향을 미친다. 따라서 급여를 구성하는 항목으로 어떤 것이 적합한지는 장기간 들여다보기 전에는 정확히 알 수가 없다.

기업은 수익 배분에 있어서 공동선이 무엇인지 늘 되물어야 하며, 승자가 전리품을 독차지하는 낡은 관행에서 벗어날 필요가 있다. 자원 배분에 있어서 장기적이고 궁극적인 측면에서 무엇이 옳은가 하는 점에 대한 계속된 질문을 던져야 한다. 이를 바탕으로 우선순위가 정해질 때 모두가 행복한 가운데 기업도 영속할 수 있다.

아메바 경영은 행복한 존재 공동체와 지속 가능 경영을 추구한다. 아메바 경영은 기업 생태계에 잘 맞는 경영 모델로 거듭 검증되고 있다.

4-3 성장 동력을 고갈시키는 주주 이익 중시

어떤 행위가 투자냐 투기냐에 대한 논쟁이 벌어지면 그 답을 찾기는 쉽지 않다.

사전적으로 투기(投機, Speculation)는 우연히 단기간에 발생하는 가격 변동으로 얻을 수 있는 시세 차익을 목적으로 행하는 매매 활동을 지칭한다. 투기는 정보의 비대칭성과 시장의 불완전성에 많이 기대고 있다. 단기간이란 면에서 장기적으로 안정적인 성장으로 수익을 기대하는 투자와 투기는 구별된다.

하지만 실제로 투자와 투기의 구별은 모호하다. 기업 활동에서도 양자의 경계는 모호하다. 과연 어느 정도 안정적이고 얼마나 장기적이어야만 투자라고 확언할 수 있을까? 단기에 수익이 실현되는 고위험을 수반하는 활동은 모두 투기라고 비난받아야 하는가? 사는 자와 파는 자의 이해가 상충하는 주식시장에서도 어제의 투자가 오늘은 투기로 규제되는 경우가 적지 않다.

투자자와 기업가는 투자 수익을 위하여 먼저 리스크(Risk)를 진다. 하이 리턴(High Return)을 위해서 불확실성(High Risk)을 선택하는 것이다. 미확정된 미래 수익을 위하여 미리 마케팅 비용, 연구 개발비, 설비 투자, 인건비 등을 선투자하는 것 역시 리스크를 부담하는 일이다. 미국에서 비롯된 벤처캐피털은 이러한 리스크를 서로 분담하기 위하여 성장 단계별로 마일스톤을 세우고 1차 시드머니(Seed Money)부터 시작하여 2차 3차 펀딩 등으로 나누어 진행함으로써 이익과 리스크를 관리하여 나가는 체계를 갖추고 있다. 자본주들은 투자 수익률 극대화를 위하여 경영의 ABC부터 관리하여 나가고 성장시킨 후 과실을 나누는 형태로 진화하는 중이다.

우리가 익히 들은 애플의 성장 뒤에는 위대한 벤처캐피털리스트 마이크 마쿨라가 있었다. 인텔에 근무하던 마쿨라는 불과 서른세 살에 스톡옵션 행사로 엄청난 거부가 된 가격 전략, 유통 네트워크, 마케팅, 회계 등 기업 활동의 모든 면에서 뛰어난 능력을 갖춘 인물이었다. 마쿨라는 스티브잡스의 괴팍한 성격과 편집증적 행동 이면에 있는 천재적 재능을 발견하였다. 마쿨라는 다듬어지지 않아 저평가된 잡스의 미래에 대한 확신으로 과감하게 1차 투자를 하였다. 잡스, 워즈니악과 함께 동일한 지분을 가지고, 마쿨라는 애플의 사업계획 대부분을 작성하였다. 마쿨라는 결국 해냈다. 그는 2차 투자자로 실리콘밸리의 전설적인 벤처캐피털을 유치하였다. 마쿨라는 20년 동안 잡스와 워즈니악 사이에서 기술적인 이견을 조율하고, 격려하여 성공 신화를 만들어 내었고, 2,000%의 투자 수익을 거두었다.

실리콘밸리의 벤처 비즈니스 성공 신화가 전해짐에 따라 우리나라에도 벤처캐피털 붐이 휘몰아쳤고, 2000년대 초반 수많은 벤처 신화가 만들어졌다. 지금도 테헤란로에서, 구로 디지털밸리에서와 상암 미디어시티에서는 한국의 잡스를 꿈꾸는 인재들이 밤을 밝히며 성장하고 있다. 이들이 우리나라의 성장 엔진이 아닐 수 없다.

그렇지만 세상 모든 동전에 앞면만 있는 것은 아니다. 과도한 투자 수익에 대한 욕심으로 정도 경영을 외면한 나머지 벤처 업계 전반에 안 좋은 부정적인 사례도 없지 않다.

M사 이 회장, T 테크 장 회장, L사 김 회장 등 우리 벤처 1세대 대표 주자들의 일탈에서 반면교사로 삼을 수 있다. 이들은 주가에 대한 과도한 부담으로 분식회계의 유혹을 벗어나지 못하였다.

성과급과 스톡옵션은 경영 성과에 대한 보상의 한 방법이다. 이것이 크면 클수록 자본이 가진 속성인 광란의 질주를 제어할 수가 없다. 기업 성적에 따라 주식이 널을 뛰고, 이 변동성이 클수록 보상을 노리는 경영인에 의해 돈 놓고 돈 먹기식 투기판으로 경영이 변질될 우려도 높다.

이러한 이유로 대표이사가 자주 바뀌고, 큰 성과를 낸 기업은 다음 대표이사가 부임하면 상당한 진통을 앓게 되는 경우도 있다. 상당 부분의 이익은 미리 인식하고 비용은 늦게 집행하여 수익을 극대화한 전임 대표이사의 회계처리가 다음 CEO의 실적에 안 좋은 영향을 미친다. 새로 사업에 적응하느라 예민해진 CEO는 심할 경우 전임자를 검찰에 고발하는 예까지 보게 된다. D 조선해양이 대표적 사례이고 그 여파가 국가 재정의 부담으로 이어지는 결과를 초래하여 사회적으로도 지탄의 대상이 되었다.

과거의 흔적을 지우는 과정에서 불거지는 갈등도 문제이다. 기업의 비전과 핵심가치에 대한 재검토가 이루어지고 이에 따른 정체성의 혼란이 생기면 새로운 리더십의 변화에 적응하지 못하는 조직원은 새 경영층에 반항하는 것으로 비치기도 한다.

기업 내부에서도 단기 성과에 대한 민감성이 높아진다. 임기가 정해진 사장은 연구개발 투자의 억제, 신규 설비투자의 지연, 정규직보다는 비정규직 채용을 통한 인건비 감축 전략을 선호한다. 한 발 더 나가면 원가 절감을 위하여 원료의 질을 낮추거나, 과도한 아웃소싱도 마다하지 않는다. 비용을 늦게 지급하려고 결제 조건을 악화시키는 자해적인 방법까지도 사용한다. 제품의 용량을 줄이고 포장 단위를 바꾸는 것도 자주 사용되는 편법이다. 이런 방법들은 끝이 안 좋은 경우가 대부분이다.

내부 조직원이 먼저 동요하고, 다음에는 고객이 느낀다.

회사의 성장판이 닫히면 더 큰 비용을 들여도 고객의 신뢰를 회복하기는 쉽지 않다. 자본 이득에 대한 성장 동력 확보를 위해서는 정당한 경영권(Governance)을 행사하고, 법규를 준수(Compliance)하는 것이 중요하다. 빨리 먹는 밥이 체하는 법이다. 우물가에서 숭늉을 찾을 수는 없는 법이다.

내부적으로 경영성과를 직원들에게 합리적으로 배분하여 급여 수용도를 높이는 것이 경영 효율화의 첩경이다. 고객에 대한 신의를 지켜 나가고 정직하고 성실한 기업 정보 공시를 통하여 회사의 브랜드 가치를 높이는 것도 장기적으로 금융 시장의 신뢰, 주식 가격을 유지하는 비결이다.

아메바 경영은 임직원의 행복을 물심양면에서 추구하는 것을 큰 목표로 잡는다. 이를 위해서 아메바별로 리더를 정하고, 잠재적인 후보 리더를 양성하여 내부의 직원 만족도와 신뢰를 구축하고 장기적으로 고객과 주주의 신뢰를 확보한다. 지속 가능한 경영을 위해서는 고객의 신뢰 확보가 우선이기 때문이다.

자원 배분 우선순위는 사장이 독단적으로 결정하는 것이 아니라 고객의 신호를 기반으로 내부에서 함께 결정하는 것이 중요하다. 이나모리 가즈오는 공식적인 회의를 통하여 경영 전략과 매출 목표를 공유하였다. 또 중요하게 여기고 실행에 옮기는 '콤파'라는 간담회를 통한 교류와 의견 교환으로, 내부의 결속을 다져 나갔다. 장기적으로 주주 동의를 확보해 나가는 원칙에 입각한 경영, 시장 친화적인 경영을 도모하였다.

정보 공유와 정직한 운영이 내부 직원과 고객 그리고 주주에 대한 최선의 정책이다.

4-4 독이 되는 지원 정책

지난 정부에서는 광역자치단체별로 창조경제혁신센터를 만들어 새로운 성장 동력을 찾느라고 분주하였다.

슬로건은 '우리나라 재도약의 힘'이었다. 정부는 '국민의 창의적 아이디어를 바탕으로 과학기술과 IT를 접목하고, 산업과 문화 융합을 촉진해 새 시장과 일자리를 만드는 것'을 이른바 창조경제의 목표로 삼았다.

그러나 조금 자세하게 내부를 들여다보면 과거 벤처정책, 창업정책에 주제어와 말을 바꾼 것일 뿐 실상은 전혀 새로운 것이 아니라는 사실을 알 만한 사람은 다 알고 있었다. 창조혁신센터의 하드웨어 구성은 예전 테크노파크, 산학연 등 정부가 과거에 시도한 내용과 크게 다르지 않았다. 다시 말해서 포장지를 바꾸어서 그 정책을 재활용한 것이다.

관계 부처인 과학기술정책 담당 부서, 산업 담당 부서, 정보통신기술 담당 부서, 농생물·바이오 담당 부서, 환경 부서를 포함하여 국방부까지 정부의 연관 부서가 아이디어를 구하고 머리를 짜내지만 새로운 정책이 나오기가 쉽지 않다.

공적 부문에서 쏟아붓는 연간 20조 원에 육박하는 연구개발 자금 운용에도 따가운 눈초리가 많다. 수요자인 기업의 불만은 임계치에 이르러 불만과 불평이 끊이지 않는다. 정치권은 정치권대로 이 자금에 질책을 쏟아 놓지만 실상 위 부문은 정치권으로부터 자기 밥그릇 챙기는 전화를 가장 많이 받는다고 알려져 있다.

이러니 연구개발과제가 실패로 돌아가는 경우도 다반사이지만 보고서는 이와 반대로 성공 보고서 일색이다. 그리고 연구개발 과제는 성공하였는데 실제 사업화가 성공하고 매출로 이어져 이익을 낸 경우를 확인한 사례는 손에 꼽을 정도로 빈약한 실정이다. 정권이 바뀌면 연구개발 체계를 소비자 친화적, 시장 친화적으로 고친다고 법석을 떨지만, 그 출발 자체가 시장과 무관하기 때문에 한계가 있을 수밖에 없다.

구로 디지털밸리에는 10만 개에 육박하는 노시형, 제조 서비스 융합형, IoT 중심 기업이 둥지를 틀고 있다. 한국의 실리콘밸리답게 밤을 밝히면서 연구한 실적과 사업에 대한 열의로 수많은 성공신화를 만들어 냈고, 오늘도 그 꿈을 불태우는 사장님들로 넘쳐난다.

그중 고궁 관광 VR을 만들어서 서울시와 협력하는 배 사장님은 연구개발 프로젝트를 매년 2개 이상 수행한다. 연구개발 사업으로 축적한 전통 문양 관련 데이터베이스를 보유하고 있는 강점을 살려 증강현실을 활용한 관광가이드 시스템 개발 등으로 다양한 콘텐츠도 보유하고 있다.

게다가 관련 분야 박사 학위 소지자로서 또한 여성 경제계 리더로서, 배 사장님은 정부 과제 평가에 참여한 경력을 사업으로 연결하는 데

탁월한 능력이 있다. R&D 사업의 구조와 심사평가 분야의 풍부한 인적네트워크 활용 능력이 우수하고, 관련 업계에는 마당발로 통하는 분이다. 배 사장님은 정부 과제 응모에서 떨어진 기억을 찾을 수가 없다는 표현으로 은근한 자랑도 마다하지 않는다.

정부 부처마다 시행하는 사업에 철저하게 준비하여 참여하는 것을 말릴 생각은 없다. 하지만 가상 고궁 체험이 관광사업의 측면에서 얼마나 효과가 있을지는 아직도 확신이 들지 않는다.

그의 회사는 각 부처의 연구개발 사업 참여로 얻는 정부 출연금이 수입의 상당 부분을 차지한다. 최근 3년의 영업 실태는 매출액이 동종 업종의 기업 평균치보다 낮고 지속해서 감소하는 추세이다. 바꿔 말하자면, 사업성이 미흡한 결과로 매출이 줄고 있으며, 고객이 외면하고 있다는 말이다. 매출액 대비 영업이익률 역시 1.32%로 낮을 뿐 아니라 3년 연속 감소세이다. 결정적으로 좋지 않은 지표는 매출채권 회전일수가 139일로 업종평균 34일보다 매우 나쁘다는 것이다.

시장과 회사 영업 전략 간의 거리를 다시 한 번 확인할 수 있다. 그러나 회사는 연구개발 과제 수행 덕에 재무 안정성이 아주 뛰어나다. 부채 비율이 17%로 업종 평균인 169%의 1/10 수준에 불과한 초우량 기업이다. 이 현상을 어떻게 설명하여야 할지 참 난감하다.

우리나라는 세계적으로 보아도 중소기업 지원제도가 완비된 나라이다. 연간 공급되는 정책자금은 보증을 포함하여 100조 원을 바라보며, 순수한 연구개발 출연금도 20조 원에 육박한다. 중소기업을 담당하는 중소벤처기업부마저 다 알 수 없을 정도로 지원 프로그램도 다양하고 세세하다.

정부 정책과 과제를 수행하기 위해서 역량이 부족한 기업은 컨설팅을 의뢰하는 경우도 비일비재하다. 컨설팅 회사만 해도 수십 군데 이상 성업 중이다. 기업 입장에서 연구개발 프로젝트를 수행할 수 있다면 10~20%에 이르는 컨설팅 수수료는 크게 부담이 되지 않을 것이다. 제조 기업은 설비 투자를 하고 설비를 가동하기 위해 사람을 쓰고, 원재료, 부재료를 투입하는 활동을 선행적으로 하면서, 여기서 만들어낸 부가가치를 통해서 성장, 발전하게 된다. 한편으로 경기가 하락하면서 수익성이 하락할 때 설비를 감축하고 인력을 조절하는 구조 조정에 앞서, 정책 자금을 에너지원으로 하여 고비를 넘기고 다시 경쟁력을 갖추어 시장을 선도하게 하는 것이 애초 정책 자금의 목적이다.

그런데 이런 정책자금이 앞서 본 사례와 같이 사업성 없는 기업이나 심지어는 좀비기업의 생명 연장을 위해 밑 빠진 독에 물 붓기 식으로 사용된다면, 이는 문제가 아닐 수 없다.

이 밖에도 정책 사금과 관련해서는 역량이 되는 기업 위주로 중복해서 과제를 지원하는 편중 지원 문제가 도마 위에 오르기도 한다.

그로 인해 건전한 산업 발전이 저해되고, 이런 정책 자금의 역기능이 산업의 건전한 생태계 변화를 왜곡시킨다. 나아가서 좀비 기업의 생명 연장을 위하여 쓰인다면 후발 기업의 시장 진입이 곤란해지고 해당 산업의 종합 경쟁력도 약화되어 결국은 국민 전체에게 피해를 주는 독으로 작용한다.

이러한 왜곡을 방지하고 선순환을 유지하기 위해서는 제도의 취지와 목적에 부합하도록 정책자금 지원제도를 운용하고, 그 관리 감독을 강화하여 나갈 필요가 있다. 그리고 기업 역시 새로운 방향으로 나가기 위한 동력을 내부 역량으로 마련하기 곤란할 때에만 정책자금을 제한적으로 활용하여야 한다. 정부 지원에 의존하면 기업의 핵심 역량이 왜곡되고, 나아가 레버리지 효과에 의존하는 경향이 회사 내부에 일반화될 가능성이 크다.

시장 변화, 고객 변화를 사전에 감지하고, 그 변화 관리를 직원 모두가 함께하는 기업만이 지속 가능한 경영의 바른길을 갈 수 있다. 기업은 내부에서 성장 잠재력을 갱신하여 나가고 새로운 시장을 보는 눈으로 영업, 생산, 구매, 지원부서 모두가 힘을 모아서 노사가 함께 성장해 가야 한다.

결론적으로 우리나라는 지원 기관의 역량 강화와 기업의 건전한 경쟁 풍토 조성에 더 노력하여야 한다. 정치권은 이러한 기업환경 변화와 투명성 강화를 위한 장치를 마련하도록 정부에 촉구해야 한다. 기업이 이해할 수 있는 지원 대상 기업의 선정 평가 기준을 정하고 공유하는 것도 필요하다. 지원 절차와 선정 과정의 정보를 공개하는 등 지원 정책의 집행과정을 투명하게 운영함으로써, 다음 선정을 대기하는 기업이 합리적으로 예측 가능한 범위에서 연구개발과 그 사업화 및 고객 갱신을 이루어 갈 수 있도록 유도하고 지원하여야 한다.

4-5 기업 생태계 선순환을 위한 과제

성서는 인간 욕망의 근원을 선악과 사건을 들어서 설명한다. 에덴동산에서 아담과 하와가 하나님의 말씀에 거슬러 선악과를 따먹음으로 그 욕망이 발현되었고, 인간 문화와 역사에 그 욕망이 배어들어서 오늘에 이르게 되었다고 한다.

인간은 욕심을 바탕으로 행동한다는 학문적인 담론을 시작한 것은 아담 스미스다. 그는 국부론에서 인간의 욕망에 기반을 둔 개인의 자유로운 경제활동이 개인의 돈벌이는 물론 나아가 국가의 부(富)로 연결된다고 설명하였다.

욕망은 인간 내면의 가장 밑바닥에 자리 잡고 있다가 시장의 평온을 순식간에 깨뜨리는 에스컬레이터를 달고 있다. 이익 극대화를 위해 경쟁 상대를 어떻게 해서든지 거꾸러뜨리려는 도를 넘은 파렴치한 방법들은 우리가 표면적으로 아는 것보다 더 처절하게 시장의 이면에서 진행되고 있다.

잘못된 판단, 부정직한 운영, 승자 독식, 약육강식과 같은 정글의 법칙이 기업 생태계를 파괴하는 것을 제어하기 위하여 공정한 시장 조성 조직이 존재하고 시장 관리자로서 국가가 존재한다. 공정한 시장 경쟁을 확보하기 위하여 공정거래위원회까지 두고 있지만, 인간 내면에 깊숙이 자리 잡은 욕심으로 인해 매점매석과 독점의 부정적인 사례는 줄지 않는 것이 현실이다.

"먼저 가서 미안하다. 천국에서 만나자."
존경하던 기업가 중 한 분인 S 식품 성 사장님께서 투신하면서 쓴 짤막한 유서이다. IMF 사태로 중소기업이 줄도산하던 1999년 봄, 성 사장님을 처음 만났다. 긴급경영안정자금 대출 사인을 하면서 접한 사장님의 단아하고 깊은 인품이 느껴지는 모습에서 고수의 품격을 보았다. 나중에 알고 보니 모진 어려움을 겪으면서 성장하여 식품 외길로 일가를 이루신 분이었다. 직원을 아끼고 어려운 이웃에게 베푸는 즐거움을 사업의 목표로 생각하셨던 분이라 더 존경하게 되었다. 성 사장님은 40여 년간 맨땅에서 중견 기업을 일궈낸 자수성가형 인물이었다. 선친의 사업 실패 후 24세부터 뻥튀기 장사로 가족의 생계를 책임져야 했다. 어렵게 모은 돈으로 국수 기계 한 대를 사들인 것이 S 식품의 시작이었다. 국수로 시작하여 떡볶이 떡과 떡살, 쫄면까지 품목을 하나하나 추가하고 변함없는 품질에다가 가성비를 유지하여 시장의 신뢰를 쌓아 나갔다. 생면 시장으로 영역을 확고하게 넓혔고, 냉면 시장에서는 대기업과 당당하게 경쟁하면서 시장의 한 자리를 차지하였다. 어느 정도 브랜드를 정착시키고 중견 기업으로 탄탄하게 성장하였다.
그런데 S 식품은 미생물 검사에서 대장균 등이 검출되었음에도 '정상'이라는 허위 일지를 만들어 유통한 혐의로 경찰의 조사를 받게 되었다. 한 대형 마트에 납품한 떡에서 대장균이 확인되어 제조 및 판매 정지 처분을 받았지만, 포장지를 바꿔치기하는 수법으로 다시 판매한 혐의도 받았다. 직원이 수익성을 앞세운 나머지 비도덕적인 행위를 하여 지금까지 사회에 큰 공헌을 하고 존경받던 사장을 궁지에 몰아넣은 것이다. 갑작스럽게 생각하지 못하였던 형사상 문제에 시달리고, 세무 조사까지 겹치면서 사랑하는 기업보다 먼저 떠나신 성 사장님의 명복을 빈다.

도덕적으로 문제 되는 기업 활동에 관하여는 사회의 인식이 점점 냉정하여지고 있다. 선진국 문턱에서 성장통을 앓고 있는 우리나라 경제의 도약을 위해서 근본적으로 필요한 것은 윤리적으로 정당하게 경영하고, 경영 정보를 투명하게 공개하는 것이다. 시장에서는 과거의 관행으로 인해 새롭게 제기되는 도덕적, 윤리적 정의의 문제가 비용으로 인식되는 경향이 아직도 남아 있다. 성 사장님같이 투철한 윤리의식을 지닌 사장님도 없지 않지만, 우리 주변에는 사장이 갑질하는 기업 문화를 방치하고 조성하는 사장들도 흔하다.

이런 회사의 기업문화 내부로 들어가 보면 직원들이 시치미를 떼고 표정을 선하게 지으며 뒷담화를 즐긴다. 이런 부류의 회사는 직원들이 자신의 약점을 숨기고 강점을 포장하는 연기력으로 고과를 평가받는다. 고객과의 약속, 사회와의 약속은 뒷전이고 회사 내의 역학이 먼저 행동의 기준이 되어서 기업의 핵심과 마케팅의 주객이 바뀐 것이다. 엉뚱한 곳에 자원을 낭비하다 보니 능력이 있는 직원들은 못 견디고 회사를 떠나게 되고, 회사에 남아 있는 직원들도 일하는 척 연기만 하지 열의를 가지고 직무에 몰입하지 않는다. 자신의 역량 전체를 고객의 가치를 만들어 내기 위해 사용해도 모자라는 판국에 회사의 존재 이유와는 상관없이 사내 정치가 판치는 회사의 미래는 뻔하다.

떡 이야기가 나왔으니 떡볶이 프랜차이즈를 한 번 살펴보자. 최근 떡볶이 체인점이 시내의 중심 상권으로 진출하는 것을 심심찮게 보게 된다. 중심 상권에서 천 원짜리 떡볶이를 팔아서 얼마나 벌까 의아해하지만 무시할 것이 아니다. 그렇다고 하더라도 프랜차이즈 가맹점이 돈을 벌기는 쉬운 일이 아니라는 것은 알 만한 사람은 다 안다. 사업 위험을 줄이고 안정적인 수입을 위해서 프랜차이즈 점포를 열지만, 비즈니스 모델을 들여다보면 살아남기가 쉽지 않다.

프랜차이즈에 가맹하는 순간 고정비가 올라간다. 상권을 중요하게 보므로 중심가에 진출해야 하니 임대료가 비싸다. 프랜차이즈 나름의 독특한 인테리어, 주방기기, 집기, 시스템 비용이 비 프랜차이즈 점포보다 당연히 높다. 그리고 식자재 구매 통제로 원가가 상승한다. 장사가 잘되면 프렌차이즈 본사는 앉아서 돈을 버는 구조이고, 반대로 장사가 잘 안되면 가맹점은 망하고 얼마간 시간이 지나면 그 자리에 다른 가맹점이 또 들어오게 된다.

프랜차이즈 본사의 수탈 구조는 주주 이익 중시, 승자 독식과 유사하게 생각해 볼 수 있다. 프랜차이즈에 가맹하는 순간 을이 되는 사업 구조를 사전에 자세히 조사하여 상생의 조건을 찾아야 한다. 나아가서 프랜차이즈 본사도 각각의 가맹점이 성장하고 적정 이익을 얻을 수 있도록 서로 협력하는 동반자 관계를 만들어 나가야 지속 가능 경영이 가능할 것이다.

프랜차이즈와 가맹점 사이의 관계에 아메바 경영의 기본 철학을 접목할 수 있다고 본다. 가맹점 각각을 아메바로 생각하면 훌륭한 해법이 생기는 것이다. 아메바 경영은 각 아메바의 성장과 혁신을 통하여 기업이 함께 발전하는 구조이다. 각 아메바가 성장하고, 성장을 통해서 행복함을 느끼는 선순환 구조로 기업이 발전하고 지속 가능한 경영을 이루어 나가는 생태계를 추구한다. 조금만 깊이 생각해 보면 가맹점 역량이 강하여서 성장할 때 본사의 경영도 강하여지고 안정되는 것이다.

얼마 전 극단적 방법으로 유명을 달리한 K 사장이 일군 C 커피 프랜차이즈의 경우도 반면교사이다. 초고속 성장으로 가맹점이 천 개를 돌파하고 드디어 스타벅스를 넘어섰다는 보도가 엊그제 같은데, 지금은 사모펀드에 팔린 기구한 운명에 처하였다. 성장을 위해 가맹점의 손익은 아랑곳하지 않았던 탐욕을 시장은 외면으로 대응하였다. 회생 불가능 판정을 받은 지금은 많은 가맹점을 사지로 몰아넣은 비극적인 프랜차이즈의 대표적 사례가 되었다.

지속 가능 경영을 위하여 각 아메바는 고객에 제공하는 가치가 고객이 지급하는 가격을 넘어서도록 제품에 서비스와 정보를 더한다. 그래서 고객까지 성장하도록 제품을 구상하고 갱신하여 나간다. 핵심 역량에 관하여는 경쟁사, 기존의 제품, 새로 시장에 진입할 서비스를 포함하여 과거보다 나은 현재, 현재보다 우수한 미래 가치를 추구한다. 제조 활동, 서비스 제공 활동에서는 핵심 위주로 프로세스(Process)를 갱신하여 나가되, 전 아메바가 함께 참여하여 개선하여 나가는데 그 중심에 이익이 있다. 무엇보다 서로 이해하고, 이타적으로 생태계를 온전히 보전하여 나가며 여유, 관용, 포용, 온기, 용납이 함께하는 기업 문화가 정착한 공동체를 이루어야 한다. 아메바 경영은 원칙을 냉정하게 지키면서도 뿌리를 더듬어 보면 사랑과 존경이 공존하는 기업 공동체를 추구한다.

4-6 한국 기업 재도약의 조건

한국 경제와 기업의 고속 성장 신화는 세계 경영학계의 경탄 대상이자 개도국에 있어서 생생하게 살아있는 귀중한 벤치마크 대상이다. 언론과 학계가 일치하여 한강의 기적과 한국의 기업가 정신을 높이 평가한다. 최빈국이던 한국이 전 세계 GDP 비중 2%를 웃도는 성장을 이루고, 반도체, 휴대전화, 가전, 자동차, 철강, 조선을 리딩하는 일류 기업을 일궈냈다. 이런 성과를 모두가 경탄하고 다양한 각도에서 연구가 진행되고 있다.

그런 한국이 지금 한국의 성공 방식을 그대로 복제한 중국의 초고속 성장에 버거워한다. 강력한 가격 경쟁력을 가진 중국 제품에 시장을 잠식당하고 있다. 선진국 초일류 상품에 필적할 수준에 근접하였지만 아직은 브랜드, 서비스 면에서 부족하다. 이는 성장의 정체, 대표 업종의 부진으로 나타난다.

한국은 큰 도전에 직면하고 있다. 인구 통계학적으로 노동 가능 인구가 정점을 지나 하락하고 있고, 노령 인구가 빠르게 증가하여 사회적 비용도 이에 따라 가파르게 증가하고 있다. 기업은 신규 투자를 망설이고 일자리는 줄고 있다. 과거 척박한 경영 환경에서 우리나라의 사장들은 준비 없이 경영일선에 내몰렸지만 보란 듯이 그 어려움을 극복하고 오늘의 성과를 만들어 내었다. 웃을 수 없는 시행착오도 겪었고 실수도 있었으나, 이를 넘어서 오늘 세계 일류 기업으로 성장한 저력도 있다. 과연 한국 기업의 미래는 어떤 모습일까? 이는 우리의 노력 여하에 달린 문제일 것이다.

선진국으로 안정적으로 진입하기 위하여 우리 기업은 어떤 준비를 하여야 할 것인가. 다음과 같은 몇 가지를 우선 생각해 볼 수 있다. 첫째, 핵심 고객의 확인과 그 고객을 위하여 어떤 경로를 만들 것인가 하는 문제에 역량을 집중하여야 한다. 고객은 끊임없이 이동한다. 고객 요구를 확인하는 방법론을 고객의 특성 따라 특별하게 만들고 이를 주기적으로 갱신해 나가야 한다. 고객별 매출, 수익률, 주문 빈도, A/S 패턴 등 주요 계량적 정보를 획득, 정제하며 가치를 찾아 나간다. 비계량적으로는 고객과의 친화를 위한 마케팅, 홍보, SNS 소통 등의 활동도 요청된다.

둘째는 고객에게 가치와 정보를 제공하는 방법의 갱신이다. 주문에서 응답까지 속도를 어떻게 높이고, 잡음이 배제된 채널을 어떻게 확보하여 나갈지 하는 문제에 대해 간단없이 고민하고 혁신하려는 자세가 요구된다.

셋째는 핵심 역량을 높이는 것이다. 시장에서 요구하는 가치, 한발 더 나아가 우리의 핵심 역량 중 미흡한 부분이 무엇인가, 강한 것은 무엇인가, 이것이 매출과 어떤 상관관계가 있는가를 전 임직원이 공유하는 것이 필요하다.

넷째, 핵심 활동을 늘려가야 한다. 돈을 벌어들이는 부가가치 창고인 회사의 핵심 활동 (Key Activity)을 어떻게 늘려나갈 것인가가 하는 문제는 끊임없이 되물어야 하는 중요한 이슈이다.

다섯째, 효율적 자원 배분이다. 기업은 지금 자원을 선투자하여 미래 부가가치를 확대 재생산하는 것이다. 기본 순환이 점점 강하여지도록 구조를 만드는 자세가 전사적으로 공유되고 또 논의되어야 한다.

여섯째, 내부 경영 이슈도 중요하지만, 누구와 함께하는가도 중요하다. 외부 기업과 협력 관계를 유지하고 확대, 발전시키기 위해서는 서로 이익이 되어야 하므로 거래 상대방의 역량, 브랜드 등을 고려하여 함께 성장하려는 공동체 의식이 중요하다.

한편 기업의 성장동력을 유지 강화하기 위해서는 사장의 리더십과 직원들의 팔로워십이 적절히 조화를 이루는 건전한 기업문화를 만들어 가야 한다.

2000년 이전 내가 만난 우리나라의 수많은 사장이 토로한 기업 경영상의 애로 중 단연 첫 번째는 자금 부족이었다. 돈 걱정하지 않고 경영하면 돈 버는 비즈니스 모델이 무궁무진한데, 단 한 주기(Cycle)를 돌릴 자본이 부족하다고 많이들 안타까움을 호소하였다.

그러던 것이 2000년 이후로는 차츰 기술문제와 경영 관리의 어려움을 언급하는 빈도가 높아지더니, 최근에는 거의 모든 사장님이 이구동성으로 인재 발굴과 인사 관리의 어려움을 호소한다. 사람을 보충하려고 모집 공고를 내면, 입사 원서를 내는 사람은 많으나 정작 쓸 만한 사람은 찾기 어렵다고 한다. 그리고 핵심 인재가 퇴사하면, 그만한 인재를 다시 찾을 길이 없어서 회사 경영을 그만두고 싶은 마음이 들기도 한다는 사장들도 적지 않다.

많은 경영자가 우리나라는 지금 쓸 만한 사람이 없다는 문제에 직면해 있다고 말한다. 앞서 논의한 여러 경영 이슈들보다 더 중요한 것이 사람이다. 기업의 비즈니스 모델이나 경영 기법들보다 기업 작동을 책임진 구성원이 더 중요한 것이다.

구성원의 덕목을 말하기에 앞서, 최고 경영자인 사장의 생각도 건전하고 정직하며 윤리적이어야 함은 물론이다. 거듭 강조하지만 실현하기 참 어려운 문제이기도 하다. D 조선해양이 끝없이 추락한 데에는 여러 이유가 있겠지만, 나는 바로 믿음을 상실한 사장이 문제의 근원이라고 본다. 사장의 잘못된 사고방식이 회사 전체의 동력을 왜곡시키고 성장판을 닫아 버리는 것이다.

구성원이나 고객의 신뢰를 얻지 못하고 정치적인 힘으로 부임한 사장의 말은 앞에서는 듣는 것 같지만, 뒤에서는 불신하며 자신의 이익을 챙기기에 급급한 것이 실제 조직의 참모습이다.

왜 사장이 기업에 대한 책임, 사회에 대한 책임, 국가에 대한 책임을 저버리는 것일까? 사장은 왜 리더의 기본적인 덕목인 정직에 대한 본분을 잊어버리는 것일까? 여기에는 아마 불확실한 미래에 대한 두려움, 과도한 욕심이 자리하고 있기 때문일 것이다.

오늘 우리나라의 사장들은 공동선을 위하여 자신의 이익을 내려놓는 리더십의 기본을 다시 한번 생각해 볼 일이다. 가령 사장이 사용하는 과도한 차량이나 회사의 경영 현실을 망각한 호화로운 집무실 등은 물론 영업 경비를 빙자한 사적인 비용 집행 등도 직원보다 더 엄격하게 관리되어 직원 눈에 거슬리지 않게 운영되어야 한다.

사장의 자기 절제와 자기희생이 선행되면 중간 관리자의 행동이 바뀌고, 직원들의 비용 집행에도 회사 이익을 우선하는 태도와 도덕성이 자연적으로 따라온다. 사장의 솔선수범은 직무 수행에서도 요구된다. 예컨대 목적지를 알 수 없는 사장의 자리 비움이 잦으면 직원들의 마음도 회사에서 떠나는 법이다.

기업이 왕성하게 성장하기 위해서는 구성원인 직원의 성장도 전제되어야 한다. 이 성장이 담보될 때, 기업에 인재가 넘쳐나고 인재를 구하기 위해서 뛰어다니지 않아도 되는 것이다. 인재는 신뢰를 통하여 성장한다. 사장에 대한 신뢰, 상사에 대한 믿음, 동료에 대한 믿음, 부하에 대한 권한의 정당한 이양을 바탕으로 인재가 성장하는 기업은 고객의 신뢰도 더욱 두터워진다. 믿음은 행복한 직장 생활을 이루는 토대이다. 아메바 경영에서 경천애인을 표방하고 서로 하나가 되라고 강조하여 만들어내는 내는 것은 궁극적인 믿음이다.

4-7 재도약의 틀 아메바 경영

우리의 산업사를 보면 해방과 전쟁으로 1960년대에 비로소 기업다운 기업이 생기고, 세계 산업사에 그 유례를 찾을 수 없을 정도로 빠른 성장을 하였다. 하지만 300년에 걸친 서구의 산업화 과정을 단 60년 정도의 단기간에 압축적으로 거친 탓에 그로 인한 문제도 적지 않다. 거래 관계에서도 갑을 논란이 끊이지 않고, 대기업의 우월적 지위 남용 문제는 특히 심각하다. 이러한 힘의 균형을 이루지 못한 일방적인 거래 관계에서는 상호 신뢰가 형성되기 어렵고, 관계가 지속해서 유지되기도 어렵다.

갑을 관계 아래에서 힘이 약한 중소기업은 늘 불안하다. 갑질이 횡행하는 원인은 공동체를 배려하는 철학의 부재에서 기인한다. 함께 살아간다는 존재 공동체로서의 인식이 없는 것이다. 그래서 상호 신뢰보다는 이기주의와 한탕주의에 기대는 장사치가 넘쳐나는 것이다. 악화가 양화를 구축하는 것처럼 믿음이 없으니 단 한 번의 기회로 모든 것을 이룬다는 생각을 하는 사장이 넘칠 수밖에 없다.

기본적 상거래 질서, 서로 도움이 되는 관계로 발전하는 제휴 관계, 나아가서 거래 안전에 기여하는 상도의가 제대로 작동하면 얼마나 좋을까?

오늘날은 기업을 보는 눈이 달라지고 기업 생태계는 세계적인 기준, 다시 말해서 글로벌 스탠더드(Global Standard)를 요구하는 시대이다. 고객에 대한 제품과 서비스의 공급을 거의 유일한 덕목으로 하던 기업 활동에 기업 내부 직원 간의 윤리, 도덕성, 지배 구조에 대한 도전이 시작된 것이다. 컴플라이언스(Compliance) 제도도 도입 운영되는 등, 기업 윤리 기준이 강화되고 있다. 과거에 용인되던 경영 과정상의 문제를 보다 꼼꼼하게 들여다보고, 나아가서 이를 통제하는 조직을 회사 밖에 두어 독립성과 투명성을 강조하기도 한다.

이와 같은 사회, 경제 환경의 변화는 필연적으로 기업가 정신의 변화도 요구한다. 기업가 정신은 자본을 모으고 생산설비를 선투자하여 부가가치를 만들어 내는 기업가가 기업의 환경과 내부를 인식하는 정신으로서, 경제 성장의 근원이 되지만 그에 대한 도덕적 윤리적인 요구가 더 많아지고, 까다로워지는 것이다.

이와 관련하여 최근에 문제 된 땅콩 회항 사건을 살펴보자.

D 항공은 연속해서 4년간 광고 대상을 수상하였고, 대학생을 대상으로 한 설문조사에서 다니고 싶은 회사로 손꼽히던 회사였다. 그렇지만 땅콩 회항 이후 D 항공은 공공의 적이 되었고, 미온적인 초기 대응에 여론은 분노하였다. 땅콩 회항은 사회 문제를 넘어 법적 문제로까지 비화하였다. 그 후 D 항공의 브랜드 가치는 6위에서 45위로 39계단이나 추락하였고, 경쟁사인 아시아나의 브랜드 가치보다도 더 낮게 랭크되는 결과로 이어졌다.

승객들의 소비자 만족도 평가 역시 냉정한 시선으로 바뀌어 갔다. 예를 들어 차별적인 좋은 서비스를 받고도 '얼마나 혹독한 교육을 받았기에 이런 서비스를 제공할 수 있을까?' 하면서 부정적으로 반응하여 소비자 만족도까지 무너져 내리는 것이다. 과거와는 확연히 다르게 소비자는 실시간으로 작동하는 전 지구적인 커뮤니케이션 채널을 사용하는 존재가 되었고 의사소통 주기도 매우 짧아졌다. 소비자가 언제 돌발적으로 화를 낼지 예측이 어려운 상황에 직면하였다.

문제의 발단은 3세 경영진이 조직을 바라보는 관점이 주인과 종의 관계, 즉 주종관계로 각인되어 돌발적인 행동으로 이어진 것으로 보인다. 그러나 세상은 이제 그런 일을 용납하지 않는다. 땅콩 회항이 주는 교훈은 경영자들이 소비자나 대중의 인식과 생각의 변화를 따라가지 못하여 발생하는 리스크의 상징적 단면이다.

그렇다면 우리 기업이 고객, 이해 당사자, 나아가 일반 국민들에게 용납되고 사랑을 받기 위해서는 어떻게 해야 할까?

먼저는 지배 구조가 정당하고 합법적이어야 하며 이사회 권한과 역할이 제대로 작동되어야 한다. 나아가 과거처럼 회사 업무와 사적인 업무가 무분별하게 혼합되는 모습 역시 이제는 더 용납되지 않는다. 그리고 정당한 권한을 바탕으로 이익을 내기 위한 조직이 구성되고 인적 자본이 공정하고 정직하게 운영되어야 한다.

공정하고 정직한 인적 자본이 고객에게 가치를 제공하고 다른 회사가 제공하지 못하는 차별화된 서비스, 상품, 제품을 합리적 가격으로 제공해야 한다. 이러한 바탕 위에 핵심 가치를 만들어 내기 위하여 비용을 억제하면서 이익을 극대화하려는 조직 루틴이 완성될 때 기업이 이익을 내는 선순환이 이루어진다고 보는 것이 현대 경영의 관점이다. 경천애인의 이념에 인류공영에 이바지한다는 경영철학으로 무장된 아메바 경영은 기업의 사회적 책임이 강조되는 지금 아주 유용한 경영 방법론이다.

아메바 경영의 핵심은 사람이고, 경천애인의 함축된 이념이 웅변적으로 말하는 것은 사람에 대한 믿음과 상호 신뢰이다. 조직 구성원 상하 간에 견고한 믿음을 확보하기 위해서 이나모리 가즈오는 각종 회의체, 조회, 친목회를 운영하여 정보를 유통하고 서로의 생각을 한 곳으로 모은다.
여기서 상사는 부하의 행복을 책임지는 자세를 가지고 일을 통한 사랑을 표현한다. 리더가 부하의 삶의 행복을 책임지는 것은 희생과 비슷한 개념으로 이타적 경영을 하라는 아메바 경영이 가지는 독특한 인재양성의 관점이다.
교세라에서는 생산 아메바가 머리를 맞대고 침을 튀기며 원가 절감 방법 논쟁을 벌이는 것이 일상적인 일이다. 연구 개발 부서는 개발에 착수하면 될 때까지 하므로 실패라는 단어를 쓰지 않는다. 영업 부서는 이익을 위해서 어떤 영업을 하여야 하는지 알고 있으므로 매일 새로운 방식으로 도전한다.
이나모리 가즈오는 씨름판의 중앙에서 싸우라고 주문한다. 리더는 격투기 선수같이 온 힘을 기울여서 핵심에서 싸워나가야 임직원의 행복을 물심양면으로 추구할 수 있다고 강조하는 것이다. 여기서 요구하는 정신은 물러서지 않는 투혼이고 바위를 들어 올리는 것과 같이 난관에 도전하는 불굴의 마음이다. 이 마음으로 각각의 아메바를 하나로 묶고 나아가서 회사를 하나의 거대한 아메바 유기체로 만들어 나가는 것이 아메바 경영의 진면목이다. 그 중심에 자리하는 것은 물론 고객에 최고의 제품과 서비스를 제공함으로써 획득한 이익이다. 우리나라에도 할 수 있다, 하면 된다는 정신으로 성장한 기업이 많았고 그 기업들이 우리나라를 여기까지 견인하였다. 80년대의 기업 성장과 역동성이 지금도 계속된다면 얼마나 좋을까마는 우리나라의 성장 엔진에 동력이 확연히 줄고 있는 것이 냉혹한 현실이며, 기업이 마주하고 있는 현실이다.

아메바 경영이 경영 혁명의 도구가 되어 우리 경제에 다시금 활력을 불어넣고 기업가를 살리며, 주변을 소생시키는 계기가 되었으면 한다.

Chapter 05

한국에서 자생하는 아메바 경영

5-1 아메바 경영 확산 노력

이 업종교류라는 중소기업 모임이 있다. 전국 단위 모임은 융합 교류회라고 한다.
중소기업 사장들이 다른 업종, 다른 기업의 경영, 기술상의 노하우를 공유함으로써 기업의 경쟁력을 강화하는 한편, 외롭고 어려운 환경을 함께 극복하는 버팀목을 만들어 나가는 모임이다. 80년대 동종업계 중소기업의 모임인 조합의 한계와 정보 불통에 대한 보완으로 다른 업종 사장들과 이해관계가 없는 기업 경영 노하우를 함께 묶어서 자생력을 확보하려는 시도이다.

90년대 초 일본 가나가와켄의 전문가 시바다다시를 초청하여 전국 팔도를 투어하면서 설명회를 개최하고 지역마다 그룹을 결성하였다. 지금 이업종교류 전국 모임은 7,000개 회원사를 거느린 거대 조직으로 성장하였다. 이업종교류 그룹을 운영하면서 늘 콘텐츠에 대해 갈급함을 느끼고 있었다. 그러던 중 정말 우연히 이나모리 가즈오를 책에서 만났다.

그 후 이나모리 가즈오라는 이름으로 도서를 검색하여 24권의 책을 모으고 밤을 새워 탐독하였다. 때로 탄식하면서, 때로 눈물을 흘리면서 경험을 쌓아 나갔다. 그리고는 교토의 이나모리 가즈오 라이브러리에 방문 도장을 찍어 나가면서, 우리나라에 세이와주쿠 유치를 시도하였다. 그러나 개인이 가진 역량의 미흡함과 실력의 한계를 절감하면서 방향을 선회하였다.

외롭고 힘든 우리나라 사장들을 구원하는 동아줄로 아메바 경영을 직접 활용하자는 마음으로 2009년부터 사장님들을 대상으로 아메바 경영을 전하기 시작한 것이다. 그리고 아메바 경영을 직접 경영에 접목한 회사가 나오기 시작하였다. 메리츠화재와 같이 부분적으로 도입하여 크게 성과를 내면서 전면적으로 확대해 나간 사례도 주목할 만하다. 1991년 무역협회가 출자하여 설립된 한국무역정보통신(KTNET)는 2013년부터 아메바 경영을 도입하였다. 전자무역을 회사의 사업내용으로 하는 이 회사는 인재의 육성과 성장을 최우선으로 하며 이를 다음과 같이 천명한다.

하나, 회사는 임직원의 능력개발을 위해 적극적으로 지원하고 다양한 교육기회를 제공하며 장기적인 관점에서 인재를 육성한다.
둘, 회사는 상사가 부하를 도전적이고 창의적인 인재로 육성하도록 배려하고 적성과 소질을 고려하여 충고와 지도를 아끼지 않도록 한다.
셋, 회사는 임직원의 독창적 사고와 자율적 행동을 장려하며, 자유로운 제안과 건의제도를 마련한다.
넷, 회사는 건전한 비판 및 개선 의견을 제시에 대해서 절대로 불이익을 주지 않는다.

2010년대 초반 한국경제신문은 10회에 걸쳐 교토식 경영을 소개하면서 다음과 같은 몇 가지 연재 이유를 밝혔다.

일본이 거품 경제가 붕괴한 1990년대 이후 계속되는 장기 불황에도 꿋꿋이 성장을 지속한 비결을 배우려는 것이 첫 번째 이유였다. 교토에 소재한 일본전산, 호리바제작소, 옴론, 닌텐도, 무라타제작소 등은 독특한 경영 방식과 기업 문화로 세계 시장을 주름잡고 있었다. 글로벌 시장을 제패한 사장들이 넘치는 열정과 카리스마로 독특한 특화 기술 개발과 경영 혁신을 진두지휘하면서 발전해 나가는 것이 이들 기업의 공통점이다. 일본 경제가 잃어버린 10년에 신음하는 동안에도 평균 매출 2배 상승, 영업 이익률 8~18% 달성이라는 신기에 가까운 실적을 보였다.

두 번째는 교토 기업이 가지고 있는 과감한 혁신성을 알리기 위함이다. 교토 기업들은 창의적 아이디어와 콘텐츠 디자인 같은 매력 요소를 부각하여 이익을 창출한다. 원가 절감이나 소소한 방법이 아니라 근본을 뒤흔드는 혁신을 한다. 전국시대 통일 기반을 마련하였던 오다 노부나가가 기마병의 핵심 역량을 조총으로 이동시킨 것과 같은 혁신 전통이 교토 기업의 밑바닥에 자리 잡고 있다고 한다.

우리나라에는 교토 기업에 대한 소개가 아직 미흡하다. 교토의 리딩기업 교세라와 아메바 경영에 관한 소개도 마찬가지이다. 지리적으로 일본에 가까이 위치한 이점에도 불구하고 경영 이론은 서구의 이론이 주류를 이루고 있어 선점 효과를 극복할 길이 없는 것이 큰 원인이라고 본다.

경영학, 경영정보학, 회계학 교수들과 교류하면서 나는 이나모리 가즈오를 아는지 꼭 물어본다. 교수 컨설턴트 중 10% 미만만이 이나모리 가즈오를 알고 있다. 물론 JAL은 대부분 교수들이 알고 있지만, JAL의 회생 과정은 전문가 사이에서도 인지도가 낮다.

그래서 나는 아메바 경영의 보급에 앞서 그 인지도를 높이기 위해서 2010년 초반에 불었던 교토식 기업 경영에 대한 관심을 각종 모임에서 전방위적으로 확산시키려고 노력하고 있다.

지금까지와는 다른 방식으로 아메바 경영을 확산시키는 방법을 찾아야 한다. 실현 가능한 첫 번째 방법은 7,000개 융합교류회 회원사를 대상으로 아메바 경영 이론의 우수성과 합리성을 소개하는 것이라고 생각한다.

이 교두보가 만들어지면 이차적으로 이들이 속한 타 커뮤니티로 소개의 범위를 넓히고, 블로그, 페이스북, 인스타그램을 통하여 확산 속도를 늘리는 것도 좋은 방법일 것이다.

더 바람직한 방법은 아메바 경영 활동의 성공 사례를 부각하는 것이다. 일본의 사례가 아닌 우리의 사례를 발굴하면 더욱 바람직할 것이다. 이런 이유로 나는 아메바 경영과 관련한 논문을 줄기차게 발표하고 투고한다. 2015년에는 『경영 혁명의 도구 아메바 경영』이라는 제하의 논문을 벤처창업학회 춘계학술대회에 발표하여 우수 논문으로 선정되기도 하였다.

거기서도 전술한 바와 같이 전 직원이 하나로 뭉치면 외부 환경의 변화에도 불구하고 기업은 생존할 수 있다는 단순하지만 강력한 명제 아래 '전 임직원의 행복을 물심양면으로 추구하고 인류의 진보와 발전에 기여한다'라는 경영 철학을 알려 나가고자 하였다.

'인간으로서 무엇이 옳은가?' 하는 가치를 쉽고도 강력하게 현장에서 구현하여 열의에 찬 아메바를 증식시켜 나가야 한다. 선한 생각을 퍼뜨리려는 굳은 의지가 관계하는 모두에게 필요하다. 경쟁 강도가 다른 나라와 비교가 되지 않는, 수많은 루저를 양산하는 시스템에서 탈피하여 더 큰 그림을 그려야 한다.

기업이 장수하고 기업에 몸담은 임직원 서로를 살리고 세우는 아름다운 기업 생태계를 만들 필요가 있다. 개개인이 행복하게 직장 생활을 하면서 실력을 갈고닦아 더 나은 회사, 더 나은 나라, 더 나은 인류 공동체를 추구해야 한다.

5-2 아메바 경영 새벽 모임

우리는 일제의 가혹한 식민지 수탈의 결과 남겨진 찢어지는 가난과 동족상잔의 폐허 속에서도 눈부신 성장을 일구어냈다. 눈부신 성장만큼이나 기업도 역동적이어서 가발, 봉제, 섬유 등 경공업에서 중화학 공업, 전자 산업으로 업종의 변화도 숨 돌릴 틈이 없었다.

변화 속도가 빠른 만큼 부작용도 만만치 않다. 세계에서 유례를 찾을 수 없을 만큼 격렬한 경쟁으로 많은 기업이 탈락의 고배를 마시고 역사의 뒤안길로 사라져 갔다. 이른바 다산다사(多産多死)형 산업 구조로 수많은 부도와 폐업이 속출하는 속에서 어제의 승자가 오늘의 루저로 전락하는 모습도 다반사였다. 그래서 중소기업 사장들은 늘 공포에 시달리고 심리적인 불안을 경험하지만 기댈 곳이 없다.

이따금 접하는 중소기업 사장들의 일탈 소식의 이면에는 이러한 막막한 외로움과 고뇌가 자리 잡고 있다는 보고서도 있다. 아메바 경영 학습을 통하여 그 한계를 극복하고 시장의 변화를 객관적 시각에서 냉정하게 바라보면서, 실력을 함께 기를 뿐만 아니라 아메바 경영을 실제 체험하는 시간을 공유할 필요가 있다.

나는 2005년부터 중소기업 사장님 5명과 연구 개발 모임을 운영하였다. 수입되는 다이아몬드 포인트라는 치과 소모품을 국산화하여 기술 수준을 높이고 나아가 수입 대체를 목적으로 매월 새벽에 만나 개발 과정을 공유하고 아침을 먹고 각자의 일상으로 돌아가는 형태의 만남이었다. 2009년부터 반월공단과 시화공단의 중소기업 사장님들을 대상으로 아메바 경영 강의를 한 것이 인연이 되어서 또 하나의 연구 모임이 만들어졌다.

2016년에는 다른 배경을 가진 두 모임이 발전적으로 합병하여 정식으로 아메바 포럼이 출발하였다. 나와 10명의 사장이 한 달에 한 번 아침 7시에 만나서 1시간 동안 아메바 경영을 공부한 후 아침 식사를 함께하면서 회사별 경영 이슈를 공유하고 있다.

아메바 포럼의 좌장인 ㈜컴베이스 박남서 사장은 20년간의 SK 해외 주재원 생활 경험을 바탕으로 재생 토너카트리지를 세계에 공급하는 사업을 시작했다. 1983년 ㈜컴베이스를 설립하여 컴퓨터와 그 주변 기기를 유통하였고, 1994년 레이저 프린터용 토너카트리지를 생산 수출한 경험으로 개성공단에 진출하였다. 개성공단에서는 업종을 변경하고 플라스틱 완구를 생산하여 수많은 어린이에게 희망과 꿈을 심어주는 사업가이다.

최근 개성공단 폐쇄로 고통 속에 있지만 흔들리지 않고 사업 의지를 불태우며 김포에 공장을 새로 건축하였다. 박 사장께서는 글로벌 시장 개척 노하우를 회원사에 전달하는 한편 아메바 경영을 적용하여 매출을 최대로 끌어 올리는 방법을 함께 논의하고 있다.

최근에 아메바 포럼에 참여한 태환자동화산업 김용환 대표이사도 사업 분야가 독특하고 사업 경험이 흥미롭다. 김 사장은 창업 과정을 쉽고도 재미있게 설명한다. 1989년 여름 시장 한 모퉁이에서 비지땀을 흘리며 깨를 볶고 있는 한 상인을 보고 자동 볶음기 '도리깨'를 개발한 것이 계기가 되어 지금은 국내 제일의 식품가공기계 기업으로 성장하게 되었다고 회고한다.

식품 가공 분야의 독보적인 기술을 바탕으로 선별, 세척, 증숙, 건조, 볶음, 분쇄 등 가공 설비에서 이송 설비, 집진 설비, 포장 설비에 이르기까지 김 사장만의 실속형 자동화 기술로 고객을 사로잡는 것 외에 다른 무슨 특별한 마케팅이나 판촉 활동을 하지는 않는다고 했다. 우리나라 커피 로스팅 머신 시장 점유율 60%에 달하는 절대적인 우위를 가지고 이 힘을 바탕으로 해외로 눈을 돌린다. 전문성을 강화하고 품질 경영과 혁신적인 연구 개발을 통하여 글로벌 기업으로 달려가는 것이다.

이 외에도 절삭 공구를 생산하는 정찬기 사장, 오리 가공 식품을 제조하는 송해용 사장, 음식점 프랜차이즈의 한문교 사장, 음식물 보온 테이블을 전 세계에 공급하는 이원배 사장, 치재를 공급하는 김종희 사장, 판촉물협회장 이판암 사장, 와이파이 서버로 우리나라 통신 시장을 새롭게 개척하는 한용수 사장, 젖병 소독기 전문기업 이동엽 사장이 함께 아메바 경영을 공부한다.

아메바 포럼에 참여한 사장들은 서로를 북돋우면서 실력을 기르고 에너지를 함께 충전한다. 더하여 전 임직원의 행복을 물심양면으로 추구하고 인류의 진보와 발전에 기여한다는 아메바 경영의 큰 뜻을 깨우쳐 가는 기쁨을 함께 누린다. 아메바 포럼은 혼자 버텨나가기에 버거운 중소기업 사장들이 모여서 아메바의 본질을 서로에게 이식하는 한편 경영 노하우를 공유한다.

중소기업 사장은 오랫동안 어려움을 겪으면서 오늘에 이르렀기 때문에 본인의 경영 노하우에 대해 자부심이 강하고, 쉽게 마음을 열지도 않는다. 세상을 잘 믿지도 않고 피해 의식도 있기 때문에 어디에 소속되는 것을 싫어하는 사장님들도 생각보다 많다.

그러나 언제까지나 혼자서 북 치고 장구 치고 모든 일을 다 할 수는 없는 노릇이다. 고갈되는 체력과 소진되는 멘탈을 어찌하지 못하고 급기야는 과로로 쓰러질 수밖에는 없다.

아메바 포럼은 이러한 어려운 상황에서 자칫 의사결정 오류가 생기면 지금까지의 성공이 일순간 신기루와 같이 날아가는 안타까운 현실에 대한 훌륭한 타개책이다. 똑같이 어려움에 부닥친 사장들이 모여서 동병상련의 아픔을 함께 나누고 위로하며 경영의 난관을 헤쳐나간 경험을 공유한다. 백지장도 맞들면 낫다 하고, 봉충다리 울력걸음이라 하지 않았던가. 어려운 시절을 이겨낸 경험을 나누고 서로 지혜를 모으면서, 여유와 유연함을 되찾는다. 마음을 하나로 묶고 나아가 새로운 경영 정보를 전달하고 아메바 경영을 함께 공부하여 나간다. 아메바 경영 학습으로 마음의 평온을 찾고, 세상을 함께 배운다. 아메바 경영 학습 모임 결성은 주변국 중에서 한국이 제일 늦다.

5-3 우리나라 경영에 도전하는 아메바 경영

거대 도시 서울의 아침은 새벽부터 바삐 움직이는 사람들로 가득하다. 특히 유명 호텔은 아침마다 열리는 조찬 모임으로 분주하고 활기 넘친다.

안으로 좀 더 들여다보면 우리 주변에는 수많은 학습 조직이 상시로 열리고 있다. 우선 학회와 능률협회(KMA) 같은 공식적인 학습 모임이 정기적으로 돌아가고 있다. 또 기업 지원 기관마다 주기적으로 다양한 학습 프로그램을 운영하고 각종 단체 역시 유명 강사를 초청하여 특강 형태의 모임을 수시로 주선한다.

사장마다 적게는 한두 개의 월간 학습 조직에 참여하고 심하면 월 10회 이상의 모임에 참석하는 사장도 있다. 학습 조직은 산업 직능별 모임을 포함하여 최근 이슈가 되는 특정 테마를 연구하고 학습하면서 교류와 친교를 통하여 결속도 다져 가는 곳이다.

1,000개에 이르는 업종별 단체 조합과 60만 회원을 위한 권익 보호 및 지원 활동을 목적으로 설립된 중소기업중앙회는 오랜 역사를 자랑하는 가장 큰 중소기업단체이다. 중앙회 역시 학습 조직과 친교 활동을 소홀히 하지 않는다. 이업종교류 단체도 332개 교류회, 7,000개

회원사를 자랑하는 전국규모 법정 단체로 성장하였다.

이런 일련의 단체, 조합, 모임에 중소기업 사장님들이 교차적으로 참가하여 긍정적인 면에서는 많은 유익을 얻지만, 과하면 탈이 난다고 자칫 매너리즘에 빠지기도 하고 과도한 참여로 몸살을 앓는 경우도 보게 된다. 조찬 모임만 해도 처음에는 유명강사의 새로운 시각과 영감을 얻지만 두 번, 세 번 반복되다 보면 참신함이 떨어지고 나중에는 아무리 좋은 말을 들어도 감동이 없다.

이것이 깊어지면 사장은 스스로 무엇이든 달통한 자칭 전문가가 되어서 상담을 받을 때도 본인이 먼저 결론을 내린다. 설명을 시작하면 듣기도 전에 이미 자신은 다 안다는 태도로 일관한다. 십 년 이상 전국에서, 아니 전 세계에서 훌륭하다는 석학의 얘기를 들어 왔는데 새삼 무엇이 마음에 와닿을 수 있겠는가.

사장은 그래서 스스로 이론에 밝다고 단정짓는다. 그러고는 자신은 아무 오류가 없는데 글로벌 경제 상황 같은 외부적 경영환경 탓을 한다. 상황론에 빠져들어 트레이드오프 같은 안일한 해결책을 찾기 시작한다. 이나모리 가즈오 회장이 JAL 경영진을 향하여 격노하였던 장면과 오버랩되지 않는가?

'그렇게 하면 회사에 이런 영향을 끼치기 때문에 곤란합니다.'

'그 개선책은 기존 방법과 이런 면에서 겹치기 때문에 채택이 어렵습니다.'

'고객들은 이 방식에 익숙합니다. 경로 변경을 하여 문제가 생기면 그 리스크(Risk)를 책임지시겠습니까?'

이런 한계 설정은 변화, 혁신, 발전과는 배치되는 관점인데 어느새 많은 사장은 익숙함에 젖어서 변화의 걸림돌이 되어가는 경우도 있다.

자칭 경영의 달인이 된 사장은 이제 직원들과도 쉽사리 화합할 수가 없다. 독단적으로 사업 방향과 제품을 조달하는 과정을 결정해 버리고, 우물에서 숭늉을 찾는 격으로 직원을 몰아붙이는 것이다. 이런 기업의 운명은 성공보다는 실패, 성과보다는 문제가 클 수밖에 없다. 또한, 자신이 결정한 경영 사안과 관련해서도 실패의 책임을 남에게 돌린다. 부하를 질책하고, 중간 관리자를 윽박지르는 것이 대책의 주요한 부분이다. 처음 한두 번은 통하겠지만 이후로 제대로 된 성과가 산출될 수 없다. 조직에는 긴 침묵이 이어진다. 부하직원은 어지간한 문제는 보고하지 않고 슬쩍 넘어가게 된다. 혼나면서 일일이 상황을 있는 대로 설명할 임직원은 없다. 이제는 상호 불신을 넘어 증오하기 시작한다.

사장은 대안을 찾아서 밖으로 나가고 회사 내에는 핑계와 떠넘기기, 보신주의가 일상화된다. 이 회사 앞날은? 빙고! 망하는 것이다. 그 시기를 특정할 수 없지만, 반드시 망한다. 그러면 사장은 자신의 분신, 제2의 사장을 찾아 헤맨다. 그런 사람을 발견하여 회사에 심어 놓으면 기존 직원들이 단합하여 암암리에 새로 온 관리자의 명성에 흠집을 낸다. 정보 격차, 관계 격차를 십분 활용하여 버틸 수 없는 환경을 만드는 것이다.

이러한 일련의 과정을 통하여 기업 신경망은 시들어 가고 새 국면으로 넘어갈 수가 없게 된다.

컨설팅하러 방문한 회사의 사장을 만나 잠깐만 대화를 해 보면 이런 기업의 상태는 거의 정확하게 진단할 수 있다. 우선 사장이 컨설턴트 말을 제대로 듣지 않는 것이다. 한마디로 표현하면 거만하고 오만한데 사장 스스로는 자신이 매우 똑똑한 사람이라고 인식한다. 그래서 과거 성공 경험을 통하여 기업은 쇠퇴의 길로 들어서고 멸망이 시작되는 것이다.

나는 이러한 기업 생태계를 거슬러 올라가는 한 분을 만났다. 한국금형산업진흥회 김 회장은 우리나라 금형 산업의 오늘을 일구어낸 대표적인 분으로 한국 금형의 과거, 현재, 미래를 깊이 생각하시는 분이다. 금형업을 하는 회사와 금형 부품을 생산하는 두 개의 회사를 운영한다. 김 회장은 일찍이 2008년부터 아메바 경영을 당신 회사에 접목하기 위해 무던히 노력하시던 중이었다.

그러나 임직원의 생각을 하나로 만드는 것이 쉽지 않다고 토로하면서, 지금까지 8년간 전 임직원과 함께 땀을 흘리며 영업, 설계, 가공, 조립, 육성과 수정 아메바별 채산 제도 도입까지 왔노라고 설명하였다. 들어 보면, 기업은 관점 통일이 쉽지 않다. 우선 영업 부문의 생각과 영업이 수주한 금형을 설계하는 설계 부문의 생각이 일치하지 않는 것이다. 설계를 통하여 완성된 도면이 가공, 육성을 통하여 몇 번의 수정을 거쳐 고객 손에 인도되기까지 과정에서 부서별 의견이 통일되지 않는 것이다.

아메바 경영 최고 단계인 전 임직원이 이타적이고 다른 아메바 이익을 먼저 생각하는 단계에 이르려면, 서로 한계를 인정해야 한다. 그리고 오늘보다 더 나은 내일에 대한 공감대를 형성해 나가야 한다. 그 의견을 하나로 모으기 위해서 김 회장님께서는 전 부서와 소통을 더 자주, 많이 하리라고 결심을 밝히셨다. 소통을 통하여 직원이 성장 그림을 함께 그리며, 고객에 더 효율적이고 성실하게 금형을 제공하는 아메바 공동체를 꿈꾼다.

나는 이 회사의 아메바 경영 정착에 힘과 지혜를 함께 모아 나감으로써 한국에서도 자생적으로 아메바 경영이 정착되고 나아가서 널리 전파되는 꿈을 꾼다.

이 사례에서 얻는 교훈은 참 귀하고 소중하다. 사장과 직원 간 생각을 하나로 모으는데 서로의 눈높이를 맞추는 데 시간과 노력이 우리가 생각하는 것 이상으로 필요하다는 점이다.

아메바 경영이 정착되기 어려운 점은 총론은 동의하여 함께 회사의 발전에 힘을 모으자고 다짐하지만, 부문별 이해관계로 서로 의견이 상충할 때에는 과거의 관행이나 자기의 옳음을 지나치게 주장하는 데 있다. 사람의 생각에는 일정한 관성이 있어서 새로운 대의에 입각한 말을 듣고 이해하더라도 그것을 실제 행동으로 옮기는 데에는 상당한 장벽이 존재한다. 사람은 보고 듣고 경험한 것을 모아서 오늘의 행동 양식을 만들어 냈기 때문에, 경험하지 않은 일을 실행에 옮기는 것을 싫어한다. 변화가 어려운 이유이다. 그러나 혁신을 하고, 새 역사를 써 내려간 인물들은 그 보지 못한 것을 확신하며, 악착같이 매달린 사람들이다. 아메바 경영의 정착을 위해서는 난관에 굴복하지 않고 인동초와 같이 질기게 버티고 견뎌야 한다.

지금의 우리나라 경영 환경은 아주 엄혹하다. 아메바 경영을 통하여 담쟁이같이 이 국면을 타고 넘어 더 넓고 더 아름다운 내일로 나아가야만 한다. 동참하는 사장님들과 함께 새로운 기업 생태계를 만들어 가기를 기대한다.

5-4 실행으로 연결하는 아메바 경영

경영에서 활동을 기준으로 부문별 목표 및 실적을 측정하여 성과 차이와 원가 차이를 분석하는 원가관리시스템을 활동 기준 원가관리(ABM: Activity Based Management)라고 한다. 활동 준거 회계(ABC: Activity Based Cost Accounting)라고 말하기도 하는데, 이는 원가에 영향을 미치는 독립변수를 파악하고 독립변수의 합으로 원가를 측정하고 간접 비용을 배분하는 합리적 관리 방식이다. 이제는 컴퓨터 제어로 원가 자료 수집이 가능해지기도 하였고, 실시간으로 확인도 가능해졌다. 그렇지만 아직 대다수 한국 기업, 특히 중소기업은 활동 준거 관점에서 보면, 원가에 대한 공준과 인식이 최고 경영자, 중간 관리자, 현장, 그리고 영업 조직 간에 서로 동상이몽인 상태이다.

그 원인으로 지적되는 문제점은 다음과 같다.

그 첫 번째는 조직 업무 정의, 핵심과 부가적인 일의 구분, 책임이 명시되어 있지 않은 직무 정의에서 비롯된다. 일의 출발이 이렇다 보니 영업 현장에서는 기존 고객 관리 위주의 손쉬운 업무가 주를 이룬다. 정작 내일의 성장 동력과 직결된 전략이나 실행 계획을 새롭게 고안하거나, 신규 고객을 발굴하는 것 같은 어렵고 중요한 업무는 등한시 내지 회피되고 있는 실태를 흔히 목격한다.

두 번째 원인은 제품과 서비스의 매출 가격을 결정하면서 최고 경영자, 영업 책임자가 명확한 원가를 따져 보고 결정하기보다는 그때그때 상황에 맞게 임기응변에 의지하는 데에서 기인한다. 그러다 보니 품목별 수익률을 어떻게 개선하고 관리하고 유지할 것인지에 대한 전략이 없다. 회사 실적에 큰 영향을 미치는데도 불구하고 별다른 검토 없이 관행적으로 거래 관계가 유지되기도 한다.

세 번째 원인으로는 품목별로 얼마의 부가가치를 창출하는지 제대로 파악되지 않는 점도 있다. 그러다 보니 생산 효율이 어떻게 이익으로 연결되는지 알 수 없다. 현장에서 원재료, 부자재, 소모품, 재공품, 재고의 적정 수준에 관한 원칙이 관리되지 않고 통제되지 않는다.

네 번째 원인은 예산에 근거한 활동 경비 할당이 관리되지 않는 것이다. 그에 따라 성과 측정 역시 부실한 상태로 생산 현장이 돌아가고 있다. 경기가 좋고 품목의 균형이 잡혀 있고, 생산 스케줄 부하가 잘 배분되어 있다면 문제가 밖으로 드러나지 않는다. 하지만 품목 간 균형이 조금 달라지고, 생산 능력과 납기의 차이가 벌어지면 고객 불만이 증가하고 생산 스케줄을 경영진이 간여하게 된다. 드디어 품질의 저하에 따른 고객의 클레임, 납기를 맞추지 못하는 결품 사태, 외주의 증가, 재고의 증가로 수익성이 하락하는 사태가 표면으로 불거진다. 이것이 확대되면 직원 간 불만과 불신이 표면화되어서 회의에서 고성이 오가는 상황으로 몰리게 된다. 회사 직원이 경영진에 학연으로 줄을 서고, 의사 결정은 정치 논리에 의해 좌우되고, 성과에 대한 적절한 보상이 왜곡되었다고 생각하는 직원은 회사를 떠난다. 회사가 망해가는 정형화된 모습이다.

이것이 한국 중소기업이 안고 있는 고질병이다. 해결 방안으로는 어떤 방법이 있을까? 아메바 경영의 실행에서 그 해답을 찾고자 한다. 아메바 경영을 도입하려면 우선 정확하게 현실을 인식해야 한다. 최고 경영자, 경영진, 관리자를 포함하여 전 임직원이 문제를 공유하고 시스템을 정비하여야 한다. 전 임직원의 정보를 모아서 앞서 소개한 활동 준거 회계에 기반을 두어 분석이 진행된다. 회사가 안고 있는 모든 문제를 하나하나 짚어 본다. 전 임직원이 공평하게 성과를 올리고 나눌 계획을 함께 수립하는 것이다. 그 과정에서 누구도 비난하거나 비평하지 않아야 문제를 직시할 수 있다. 과거를 비난하다 보면 서로 책임을 떠넘기고 너 때문이라고 비난하는 속에서는 마음이 하나로 합해지지 않는 것이다.

사태를 냉정하게 인식한 위에 아메바별로 직무를 정의하는 과정을 거쳐 영업 최적화, 구매 최적화, 생산 최적화, 관리 최적화의 방법론을 결정하여 나간다.

아메바 경영 도입에 앞서 회사는 왜 존재해야 하는가 어떤 일을 해야 하는가? 그러기 위해 무엇을, 어떻게 바꾸어야 하는가에 대한 질문과 이해가 함께 진행되고, 그 다음으로 경영진은 직원을 사랑으로 감싸며 성장을 촉구하는 것이다. 직원은 경영진을 믿고 존경하는 것이 먼저고, 모르던 사실을 알고, 개선하고, 실행에 옮기는 작업이 다음이다.

기능별로는 먼저 영업 부문의 책임과 한계를 명확하게 정의한다. 영업 전략과 활동에 근거하여 가능한 수주처별 수량과 가격을 추정하고, 회사 역량을 제조 부문과 협의하여 연간, 분기별, 월별, 주별, 일별, 기간별 매출을 추정하고, 이에 근거하여 생산 부문에 가격과 생산

오더를 내린다. 제품 재고와 회수책임은 영업 부문에서 관리하고 그 실적은 당일로 전 임직원이 공유한다. 아메바 경영의 핵심인 수주 확보, 매출 확대, 매출 채권 회수, 시간당 채산을 확대하는 키는 영업 부문과 제조 부문 간 긴밀하고 유기적인 협력 체계이다. 마치 이인삼각 게임을 하듯이 다리를 묶고 어깨동무를 하고 목표를 향하여 함께 가는 것이다.

다음으로 제조 부문의 권한과 책임을 명확하게 정의한다. 영업 부문과 협의한 물량과 가격을 근거로 최대한 생산량을 끌어올리고, 불량을 관리하여 제조 부문의 시간당 채산을 극대화하여 나간다. 회사의 본원적인 비교 우위, 경쟁력, 부가가치를 창출하는 핵심 역할을 제조가 담당한다는 사실을 전 임직원이 공유하고 대우하면서 성장해 나가는 것이다. 요구되는 품질, 납기 준수, 재공품 관리, 원재료 관리, 부자재, 예산에 근거한 제조 경비 배분이 경쟁력의 원천이 된다. 책임의식이 생산성 향상과 궁극적으로 아메바 경영이 추구하는 시간당 채산 향상으로 이어져서 전 임직원이 행복한 직장의 발판을 마련하여 나간다.

나아가 연구개발 부문에 대한 관리 체계와 실적 창출을 위한 프로세스를 정립한다. 연구개발 부문은 미래 성장 동력의 확보, 고객의 창출, 시장을 선도할 새로운 제품 창조, 제품 개선으로 제조 부문에 가치를 제공한다. 이는 회사의 수익성을 결정하는 사전적, 선제적인 경영 활동의 근간이다. 따라서 선제적으로 연구 개발과 관련된 계획, 일정, 책임과 성과를 정의하고, 회사 역량에 근거하여 전 임직원이 동의한 예산과 자원 배분이 이루어져야 한다. 연구 개발비 관리를 기본으로 신제품 개발, 제조 현장 대응의 두 가지 밸런스를 잡아 나가면서 개발 일정 공유 등 정보를 제공하여 나감으로써 전 사적인 지원을 주고받는다.

덧붙여 지원 부서의 역량 강화도 회사의 큰 기둥이다. 외부의 환경변화, 고객의 요구 사항과 이해당사자의 의견을 반영하고 구체화하는 시스템의 작동과 보전을 담당하는 지원 부서는 영업 부문, 제조 부문, 연구개발 부문 최적화 지원을 존립 목표로 한다. 따라서 원칙과 룰을 정하고 운영하는 역할을 감당한다. 서로 책임과 권한을 명확하게 하고, 실적을 투명하게 관리하고, 인적자본 배분, 승진, 보상에 대한 합리적인 기준을 마련하고, 객관적이고 공정한 절차로 실행한다.

이를 바탕으로 회사 전체 임직원의 시간당 채산을 향상시켜 이익이 살아 숨 쉬는 행복한 회사를 지향하게 되는 것이다. 이 과정에서 매출과 비용 간 일대일 대응, 관리 정보의 공유 등 전 임직원이 이해하는 원칙을 지켜나간다.

한편 기업은 사람이고, 건강한 기업 생태계의 필요조건은 인간이 살아 숨 쉬는 집단이다. 사원들의 마음을 얻기 위해서라도 경영자는 성장하고, 자신의 인격을 끌어올려야 한다. 직원들의 마음에 불을 붙이는 것은 경영자이다.

훌륭한 제도만으로 회사가 굴러가는 것은 아니다. 현장에서 기업 구성원 모두가 힘을 냈기 때문인 것이다. 직원들이 힘을 내게 하기 위해서는 리더가 직무 정의와 목표를 정확하게 전달하여야 한다.

전 임직원의 행복을 물심양면으로 추구하고, 인류의 진보와 발전에 기여한다는 공동의 목표하에 살아 숨 쉬는 유기적인 공동체를 만들어야 한다. 혼이 없는 조직은 언젠가 아니 조만간 죽음에 직면하게 된다.

5-5 핵심은 사람을 키우는 것

기업은 사람이다. '인재(人才)가 인재(人災)가 된다.'는 말이 있다. 인구에 회자되는 말이고 거의 모든 사장님은 이 금언을 알고 있다. 기업은 사람에 의하여 움직이고 성과를 창출하는 것도 사람인 것이 당연하다.

오죽하면 짐 콜린스는 비히클(Vehicle: 탈것, 차량)에 사람을 먼저 태우라고 주장하였겠는가? 먼저 태울 만한 사람인지 검증하고 결정된 다음에 방향을 정하라고 말하였다. 그리고 좋은 기업을 넘어 위대한 기업으로 가기 위해서는 그 사람들에 의한 사교(邪敎)와 같은 기업문화가 중요하다고 미국 주식시장의 주가변동 자료를 근거로 입증하였다. 사교와 같은 기업문화는 세상 환경이 바뀌는 것에 일일이 대응하는 것보다는 견고한 결속으로 변하지 않는 가치를 제공하는 기업 소명과 조직의 일관성을 강조한 것이리라.

1945년 8월 이부카 마사루는 7명의 창립 멤버와 함께 어떤 제품으로 회사를 시작할 것인가를 놓고 몇 주 동안 토론에 토론을 거듭하였다고 전한다. 그들이 가진 것은 사업 아이템이 아니라 의지와 열정이 넘치는 7인이었다.

조직의 체계적인 역동성은 사람을 근거로 설명된다. 그 역동성의 뿌리에는 헌신된 조직원이 있다. 어떻게 이 불확실한 시대, 믿음이 없는 시대에 서로 믿는 조직을 만들고 성과를 올릴 것인가? 거의 모든 기업가가 이 성공의 허들을 넘지 못한다.

조직에는 다양한 사람이 필요하다. 큰 그림을 그리고 날카로운 판단을 하는 인재도 필요하지만, 바닥을 다지는 인재도 필요하다.

이나모리 가즈오는 창업 초기 면도날에 베일 것 같이 예리한 능력을 갖춘 한 신입 직원을 채용하면서 그가 앞으로 회사의 중요한 인재로 성장할 것이라고 예견하였다고 한다. 그러나 믿었던 그 예리한 인재는 회사가 어려워지자 제일 먼저 회사를 그만둬 버렸다고 한다. 반면에 제대로 교육을 받지도 못하고 좀 부족한 친구가 있어서 마음으로 경시하였는데, 그 직원이 성장을 거듭하면서 어려운 일을 도맡아 묵묵히 감당하였고, 급기야 사업이 어려워진 계열사 사장을 맡아서 뚝심 있게 경영하여 흑자로 전환시킨 경우도 지켜보았다고 한다. 이나모리 가즈오는 이런 사례를 들면서, 성을 쌓는 데는 큰 돌도 필요하지만 작은 돌도 필요하다는 인재 균형을 강조한다. 오히려 인재의 외적 모양보다 조직의 존재 이유를 명확하게 하고 그 목표를 달성하는 데 모든 조직원의 역량을 하나로 모으는 것이 필요하다고 말한다.

『답을 내는 조직』의 저자 김성호는 일본전산의 엉뚱한 채용 방식을 소개한다. 목소리 큰 사람, 밥 빨리 먹는 사람, 화장실 청소 잘하는 사람을 뽑아서 세상의 비웃음을 샀지만, 일본전산은 빠른 행동의 의도를 높이 샀다. 스펙이 아니라 끝까지 해보겠다는 근성과 빠른 결단력, 남들이 하기 싫어하는 일도 기꺼이 하는 마음을 보고 채용한 것이라고 설명하였다.

그리고 조직에는 하모니, 조화가 요청된다. 불화하는 조직, 실패한 조직문화의 그림을 그릴 때 단골로 등장하는 사례가 챌린저 우주왕복선의 대참사 장면이다. 각 분야의 당대 천재들로 구성된 조직에서 소통이 되지 않으니 오히려 평범한 조직보다도 성과를 내지 못하는 조직이 되어서 결국은 끔찍한 실패를 가져오게 되었다는 것이다.

그렇다면 지금 흔들리는 우리나라 기업에 요청되는 인재상은 무엇일까? 그 답은 회사의 존재 근거가 되는 비전과 인재의 생각이 부합되어야 한다는 데 있다. 그러나 안타깝게도 우리나라의 기업 중 비전, 목적, 목표, 크레도, 지향점에 관한 일관된 구조를 가지고 정당하고 합리적인 방법으로 사람을 채우고 성장, 발전시키는 조직은 드물다. 나는 사장을 만날 때마다 마지막 질문으로 어떤 회사를 꿈꾸느냐고 묻는다. 여기에 대한 대답을 통하여 현실을 반영한 다양한 사장의 관점을 알게 된다. 주요 대답은 돈 버는 것, 돈 걱정 안 하는 것, 매출, 이익, 생존에 관한 생각에서 크게 벗어나지 않는다. 안타까운 일이다. 더 큰 그림과 비전을 위해서 사장에게 필요한 것은 무엇일까? 어떤 인재를 확보하여야 기업은 생존하고 번성할 수 있는 것인가? 어떻게 조직을 운영하여야 지속해서 성과를 낼 수 있을까? 그리고 보상과 분배는 어떻게 관리하고, 성장을 위해서 필요한 커리어 관리와 직원에 대한 대우는 어떻게 해야 직원이 만족하고 또 열정적으로 일하게 되는가?

사장들은 이구동성으로 키워 놓고 일 좀 할 만하면 그 직원이 떠난다고 흥분한다. 배신감을 느껴서 사람에 돈을 들일 생각이 없다고 대놓고 말하는 사장도 많이 만났다. 이 말도 일리가 없지는 않지만, 역설적으로 사장 자질이 부족한 것을 고백하는 말이다. 실제로 우리나라에서 입사 우선순위 상위에 있는 회사는 업무 강도가 세고 학습이 철저하기로 이름난 회사들이다.

삼성이 우리나라 제일이 된 것은 일찍이 인재 보국을 부르짖은 창업자의 철학에 힘입은 바 크다. 1970년대 초반 대외 시장을 주 무대로 성장한 종합상사에서 인재관리의 기본인 영업조직의 운영이 시작되었다. 밤과 낮이 구분되지 않고 오대양 육대주를 누비던 상사맨들이 이직으로 분화되고, 또 이러한 종합상사들이 벤치마크 되면서 성장기 우리나라는 일의 강도가 높아야 한다는 기업문화가 자리를 잡았다. 그렇지만 지금 회사로 유입되는 젊은이들은 비합리적인 일의 배분과 이해하지 못하는 관행적인 야근에 진저리를 친다. 경영진과 직원 간 이러한 관점의 미스매치로 인하여 직원이 업무에 익숙할만 하면 떠나는 일이 잦은데도, 사장은 그 이유를 이해하지 못한다.

직원들의 이직 이유를 도무지 알 수 없다는 사장들이 대부분인데 반하여, 그 이유를 알고 있다는 사장님도 계신다. 경기 서부 이업종교류회 회장님을 역임하셨던 정 사장님이다. P사 정 사장님은 나갔던 사람을 다시 채용한다. 정 사장님의 논지는 나갔던 사람은 밖에 나가서 우리 조직을 봤기 때문에 장단점을 알고 있다는 것이다. 사람을 양성하면서 들인 돈을 잃었다가 다시 찾았다고 표현하였다.

성서에도 비슷한 예화인 '탕자의 비유'가 나온다. 탕자가 미리 아버지 유산을 분배받아 타지로 가서 허랑방탕한 생활을 하면서 모두 탕진하고 죽기 직전에 집으로 돌아오는 장면이다. 아버지는 살진 송아지를 잡아 잔치를 베풀고 좋은 옷을 입히고, 가락지를 끼워 주고 즐거워한다. 잃었던 아들을 찾은 기쁨을 이렇게 표현한 것이다. 정 사장의 열린 채용이 아름답고, 또 생각해 보면 사리에 맞다.

좁은 생각을 하는 사장은 아예 인재를 외면한다. 교육을 비용으로 생각하여 당장 수익을 위해 교육비 지출을 동결하는 것이다. 회사는 사람과 함께 성장한다는 사실을 망각한 것이다. 이런 사장 밑에는 어떤 인재가 남아 있을까 궁금하기도 하고 또 이렇게 절약한 경비가 회사 수익성 유지에 과연 얼마나 도움이 되는지 반문해 보기도 한다.

큰 관점에서 보면 학습은 최고의 복지이다. 이를 알고 있는 회사는 일이 학습이고 학습을 통하여 성장한다. 부모는 자녀를 사랑하고, 자녀가 성장하면서 가족 전체에 공헌하여 나가는 가족 공동체 같은 모형을 생각해 보면 학습이 없는 조직은 성장할 수가 없다는 것을 바로 알 수 있다.

개인이 살아야 조직이 산다.

전설적인 거상 임상옥은 '장사는 이문을 남기는 것이 아니라 사람을 남기는 것'이라고 했다. 사장이 학습의 비전, 전략을 가지지 않는 것은 기업가 정신을 망각한 것이다. 일도 바쁜데 쓸데없는 데 시간과 비용을 쓴다며 교육을 외면하는 직원은 생각을 바꿔 주어야 한다. 누구나 대체할 수 있는 부품과 같은 사람이라면 더 저렴한 조건을 가진 사람이 나타나면 언제든지 대체할 수 있다는 사실을 자각해야 한다. 아메바 경영은 철저하게 전 직원이 창조적인 일을 위하여 머리를 마주하고 토론하고 실행하며 시행착오를 통하여 성장하기 때문에 이보다 좋은 교육이 없다. 아메바 경영은 회의체, 조회, 콤파라고 불리는 친목회를 통하여 소통을 강조한다. 회사의 경영 정보를 함께 공유하고 각각 목표를 구체화하여 달성하고자 공동으로 노력하는 것이다. 아메바 경영에서 강조하는 것은 공유, 공감의 공동체이다.

사람으로서 무엇이 옳은가? 어려운 지경에 처한 사람에게 긍휼을 베풀고, 결핍을 참고 견딘다. 실력을 기르며, 마음을 갈고 닦는다. 나아가 사랑 공동체, 지혜 공동체를 지속해서 가동한다. 아메바 경영이 추구하는 경천애인에 근거한 인적 자본 양성 프로그램이다.

기업은 궁극적으로 사람이다. 아메바 경영이 우리나라에서도 꽃피워서 전 임직원이 행복한 회사를 꿈꾸며 도전하기를 희망한다.

5-6 이직 걱정 없는 아메바 경영

직장에서 정년퇴직은 하늘이 준 선물이다. 요즘같이 고용이 불안하고 내일이 담보되지 않는 상황에서 한 직장에서 오래 근무한다는 것이 쉬운 일은 아니다.

기업 입장에서는 수익이 담보되지 않는 상황에서 고용은 모험을 넘어 재앙으로 연결되기도 한다. 구조 조정이 진행되고 있는 업종은 그 사업 종사자와 가족뿐만 아니라 전·후방 연관 사업, 지역 경제에까지 큰 영향을 미친다.

해고와는 반대로 직원이 일을 좀 할 만하면 이직하는 경우 기업에 노하우가 축적되지 않음으로 인한 피해는 숫자로 표현할 수 없지만, 이것 역시 치명적인 결과를 낳는다.

일반적으로 매출에서 10% 내외를 차지하는 인건비 비중은 생산성을 나타내는 바로미터이다. 생산성을 올리면 인건비 비중이 작아지므로 숙련된 직원 비중이 높을수록 기업의 수익성은 증가하기 마련이다. 그래서 이직률은 기업의 지속 가능 경영을 측정하는 절대 지표라고 할 수 있다.

내가 만난 사장 중 인력을 구하기 어렵다고 하소연하는 사장의 비중이 갈수록 증가하고 있다. 고용 노동 정책의 큰 그림에서 보면 구인, 구직의 미스매치로 인한 비용이 GDP의 10%에 육박한다는 보고도 있다. 설마 그럴까 하고 반론을 제기하기도 하지만, 2010년 노벨 경제학상 수상자 피터 다이아몬드(Peter A. Diamond)가 측정하여 얻은 마찰비용이니 무작정 부정할 수도 없다.

아메바 경영은 인건비를 고정 비용으로 만들지 않으려는 혁신 활동에 기반을 둔 경영이므로 이직률 관리가 중요한 덕목이 된다. 생산성을 높이는 활동이 아메바 경영의 중심이고, 아메바는 이익을 중심에 놓고 활동을 전개하는 조직이다. 교토의 대다수 글로벌 기업들은 이러한 경영 원리에 따라 60년대부터 생산성을 다루어왔다. 물론 교세라가 그 선두에 서 있는 것이다.

삼성전자는 우리나라의 간판 기업이기도 하지만 세계적인 기업이기도 한 관계로 삼성그룹의 채용과 인력 양성 전략과 성과는 온 국민과 세상의 큰 관심사이다. 삼성채용 학습도서가 날개 돋친 듯 팔리고, 오죽하면 삼성 재수, 삼성 삼수라는 말이 있겠는가?

이런 삼성전자 역시 연구원의 이직, 능력 있는 직원의 이직이 문제되고 있다.

어렵게 입사한 직원이 행복하게 성장하지 못하고 중도 탈락하거나, 한참 일을 할 중견 직원의 이직과 관련하여 삼성의 인사관리 행태를 비판하는 목소리도 있다.

삼성의 경쟁 풍토는 전쟁과도 같다고 한다. 외부뿐만 아니라 주위의 동기, 동료들 역시 치열한 경쟁자로 보며, 삼성맨은 화려한 스펙으로 성장하기보다 자기 혁신으로 노력하는 인재라고 말한다. 삼성맨이 되는 것은 쉬운 일이 아니지만, 삼성맨이 된 후에도 밤낮 구분 없이 업무는 이어지고, 경쟁은 일상이 된다.

삼성맨들은 휴가 중에도 충분히 쉬지 못한다고 하소연이다. 그런 여파인지 몰라도 삼성도 공기관으로 중견 사원이 이동하는 것을 막을 수는 없는 모양이다. 우리 사무실에도 삼성에서 이직한 직원이 적지 않다.

그 이직 이유를 알아보았다. 어리석은 질문에 현명한 답이 돌아온다.

(문) 삼성같이 좋은 직장에서 왜 이름도 없는 중소기업진흥공단으로 옮기셨나요?

(답) 가족과 저녁 식사를 함께하려고요.

(문) 삼성에서는 가족과 저녁을 못 하나요?

(답) 직장을 포기하면 그렇게 할 수 있지만, 조직 사회이다 보니...

(문) 그럼 급여가 반 토막으로 줄어도 좋나요?

(답) 삶에서 급여가 중요하긴 하지만, 더 중요한 것도 많다고 봅니다.

(문) 더 중요한 것이 무엇이지요?

(답) 가족이요^^&

(문) 기념일, 이사 등 소소하게 챙겨 주는 것도 많다고 하던데?

(답) 그런 것이 좋기도 하지만 더 좋은 것은 관계인 것 같아요.

(문) 관계?

(답) 상하, 동료, 대외 관계 같은 것이 참 중요하더라고요!

이직률은 기업의 안정성을 판단하는 중요한 항목이다.
제프리 페퍼(Jeffrey Pfeffer) 스탠퍼드대 조직행동학 교수는 저서 『지혜경영』에서 사람을 하나로 묶는 방법을 제시하였는데 아메바 경영의 관점과 거의 비슷한 논조를 유지한다. 나는 이나모리 가즈오와 제프리 페퍼 교수 간에 교류가 있었다는 말을 들은 적이 없다. 동서양의 사고 구조와 문화적 특성, 그리고 기업의 문화가 서로 다름에도 불구하고, 그 내용이 유사함에 놀란다.

이 책의 세부 목차를 보면 '회사는 공동체다, 왜 직원들의 자발성이 중요한가, 왜 직원들을 염탐하는가, 인센티브의 허와 실, 혜택을 줄이는 것이 왜 나쁜 아이디어인가, 오직 진실만을 말하라, 포기하지 말라, 끈기를 가져라, 주주 수익률은 실적의 잘못된 척도다, 전략에 대한 과장 광고를 믿지 말라, 경영진 보수에 대하여, 기업가의 윤리적 행위' 등이 주요 제목이다. 제목도 비슷하지만, 내용은 더 아메바 경영과 일맥상통한다. '회사는 공동체다'라는 페퍼 교수의 일갈은 이나모리 가즈오가 아메바 경영을 통하여 이미 일관되게 주장하여 왔던 것이다. 주주 이익 중심, 주가 중시가 서구식 경영의 폐해의 뿌리라는 제프리 페퍼의 주장도 이나모리 가즈오의 주장과 상당 부분 잇닿아 있다.

아베바 경영의 큰 그림은 행복한 대가족과 같은 존재 공동체이다. 온갖 어려운 세상 환경에 대응하여 내부 자원을 공정하게 관리하며 지속 가능한 공동체, 발전하는 성숙한 공동체를 꿈꾸면서 나간다. 그러기 위해서는 유입되는 직원이 잘 정착할 수 있도록 조직 문화에 적응할 수 있는 여건과 훈련을 제공하는 것이 중요하다. 그리고 기본적인 경영 정보를 공개하고 공유한다.

특별히 인적 자원에 관한 정보는 채용부터 훈련, 성과 관리, 커리어 관리, 승진, 전직, 은퇴까지의 전 과정을 망라한 생애 관리 주기를 회사와 해당 직원이 머리를 맞대고 협의한다. 그 과정에서 회사 핵심 역량 강화 방안에 맞추어서 내부 구성원의 역량 강화 활동이 반드시 수반되는데 아메바별로 소통, 회의, 공동체 연대의식을 통하여 함께 발전하는 조직을 지향한다.

이 과정에서 고객에 제공되는 서비스 개념이 정립되어 직원으로서, 예비 리더로서, 상황을 회사에 맞게 관리하는 기술이 스며들게 한다. 언제, 어느 공정, 어느 자리에서나 신기술에 관해 도전하도록 자극하며 그 중심에는 언제나 이익이 있다. 그리고 과거 이력이 최대한 발휘되도록 경력 설계를 함께 마련하는 것도 행복한 직장에 필요하다. 사람은 행복을 추구하며 산다. 인생의 큰 가치도 행복이 중심에 있다. 아메바 경영을 도입한 기업 공동체는 행복한 생태 공동체를 지향하는 한편으로 공동의 목표를 달성함으로써 전 임직원이 그 희열을 공유한다.

Chapter 06

대한민국 CEO여!
경영의 근본을 바꿔라!

6-1 직원에게 싫은 소리를 할 수 있는 회사

경영 시스템은 전 임직원이 비전을 공유하고, 그 공유된 비전을 각각 직무 활동을 통하여 구체화하고, 실행(process)에 옮기는 것이다. 고객에 전달한 제품과 서비스가 돈으로 환산되고, 내부 조직 운영비용을 공제하고 이익을 얻는다.

고객의 만족과 효익을 끌어올리기 위하여 기업은 다양한 채널을 가동하고 유용한 정보, 가치 있는 정보를 고객과 서로 교감하고 소통한다. 기업은 성장과 발전을 위해서 내부 정보를 고객에게 유용한 정보로 가공하여 반복적으로 전달함으로써 재구매가 일어나게 하고 고객이 이탈하지 않도록 관계를 유지하여 나간다. 고객과의 소통 채널에서 습득한 여러 신호 중에서 유용한 정보를 핵심 역량에 연결하고 이를 기업 발전 과정에 적용한다. 과거, 현재, 미래를 포함한 비즈니스 캔버스(Business Canvas)에 이 내용을 구체적으로 옮겨 보자.

기업 핵심 활동에 대한 이해와 소통을 통하여 공감대가 형성되고 행복한 하나가 되면 구성원 간에 서로 싫은 소리를 할 수 있게 된다. 하나가 되는 전제 없이 싫은 소리를 들으면, 인간 대부분은 방어기제가 발동하기 때문에 대다수 기업은 소통에 실패한다. 그렇다면 사람들은 왜 싫은 소리를 듣기 싫어할까? 소크라테스가 말한 '너 자신을 알라'라는 말이 역설적으로 싫은 소리를 듣기 싫어하는 구성원의 마음을 대변한다고 본다. 잘못을 알고 그 잘못된 것을 바로잡는 과정을 통하여 조직이 성장하고 회사가 더욱 튼튼해진다는 큰 그림을 인식하지 못하고, 눈앞의 현실만을 보기 때문에 자기에게 불리한 말을 들으면 반발하는 것이다.

P사 정 사장과는 2009년 만나 지금까지 유대를 이어오고 있다. P사는 사업 영역이 독특하다. 내화벽돌과 부자재를 사용하여 공업용 노를 만든다. 공업용 노는 제철 설비 등 금속을 생산하는 설비에 핵심적으로 포함되며, 다양한 열처리에도 필수품이다.

이 회사의 독특한 점은, 전 직원이 간부이며 전원이 프로젝트 매니저로서 활동하는 것이다. 회사의 경영 활동, 특히 인적 자본 운용 원리는 아메바 경영의 기본 원리와 비슷하였다. 나는 이 회사에 아메바 경영을 어떻게 접목할지를 정 사장과 심도 있게 논의하였고 내가 직접 직원 교육을 담당하기도 했다.

이 회사는 수주하여 프로젝트가 정해지면 담당자와 예산이 책정되고 그 예산 범위에서는 재량권을 준다. 직책, 직급이나 성별, 연령에 관계없이 독립적으로 프로젝트를 수행한다. 그리고 납기 준수, 대금 수령까지 프로젝트 담당자가 결정한다. 계약 조건, 수익률 등 큰 변화가 있을 때만 상사 결재를 구하고, 그 외에는 모두 담당이 전결 처리한다. 이 방식은 영업 손익 책임, 공정 관리에 자율성을 부여하여 직원 성장을 자극하고 나아가 회사 모든 업무에 정통할 수밖에 없도록 한다. 그렇지 않으면 자원 배분 순위, 후선 부서 지원 등에서 밀리므로 프로젝트 시작부터 전 공정에 대한 실행 계획의 구체성을 확보할 수 없다. 회사 내부 자원만 미리 스케줄을 맞추는 것이 아니고 협력 업체, 발주 업체와 일정을 사전에 점검하여 비용을 줄이기 위한 활동을 필사적으로 전개한다. 이 과정에서 서로 다툼도 일어나고, 힘들게 스케줄을 조정하고, 조정이 불가능해져서 사장의 중재를 요청하는 경우도 있다. 조정 과정에서 싫은 소리도 하고 호통을 치기도 하지만 큰 그림은 직원이 행복하고 회사가 살찐다는 목표를 가지고, 특히 사심 없이 직무를 설계하는 것이므로 조정이 끝나면 또 하나의 가족, 하나의 목표를 향하여 가는 공동체로 돌아간다.

이때 주요 사항은 회사 전체 생산 스케줄과 역량, 경제적 효과성, 전체의 흐름을 고려하여 정 사장이 중지를 모아서 판단하고 설명함으로써 당사자가 서로 이해하면 회사의 안으로 확정이 된다. 이해되지 않는다면 이해가 될 때까지 서로 생각을 조정하고, 의견을 수렴하고, 생각을 하나로 모아 나간다.

이 시스템의 장점은 협의에 이르는 과정이 쉽지는 않지만, 본인이 책임을 지고 일정과 비용을 통제하므로 절약하라는 상부의 지시가 없어도 담당자 스스로 절약할 방안을 외부와 협의하면서 하나하나 점검하여 나가니 프로젝트를 수행하면서 담당자의 실력이 아주 빠르게 향상된다는 점이다. 직원 성장이 당연하게 회사 전체의 수익과도 직결된다.

직원 성장이 가져오는 일차적 이익은 경영층의 지시 없이도 독자적으로 영업에서 협상의 우위에 설 수 있는 판단을 할 수 있게 됨으로써 구매선에게 지불할 가격의 정당성을 설명할 수 있는 능력을 확보하게 된다는 것이다. 나아가서, 구매처를 만족시킴으로써 유대가 강화되고 이는 2차 수주로 이어지므로 영업 환경과 성과가 제고되는 것이다.

비용 또한 애초 일정을 지키는 것으로 예측 가능해지고, 공기를 필사적으로 단축하므로 수익성이 제고될 수밖에 없는 환경이 만들어지는 것이다. 공기가 늘어나거나 변경되면 미리 제휴선과 협력하여 비용 절감 활동을 함으로써 비용 증가를 최소화하여 수익성 악화를 미리 방지해 나가는 것이다. 최종 준공 후 계획보다 수익이 초과로 발생하면 공개적으로 격려하고 일정한 격려금을 지급한다.

이러한 선순환 구조를 구축하니, 직원 근무 태도가 좋아지고 나아가 직원의 수준이 덩달아 올라감으로써 고객사까지 P사의 독특한 경영을 부러워하여 수주 걱정이 많이 줄었다고 한다. 참 행복한 경영 방식이라고 생각한다. 완벽한 아메바 경영은 아니지만, 아메바 경영이 지향하는 중간 단계로서 아메바별 채산성을 기본으로 하는 독립 채산제를 구현해 나가는 P사의 발전이 더 기대된다.

아메바 경영은 대표가 자신보다는 직원을 생각하는 마음으로 바뀌고 소통 시간, 교육 등을 통하여 직원의 생각을 바꾸는 것에서 출발한다. 특히 우리나라는 소득, 지역, 연령, 교육 수준에 따라 생각 차이가 크므로 이를 통합하는 작업이 쉽지 않다. 경영진이 싫은 소리를 하면 잔소리로 들어서 짜증을 내거나, 심약한 직원은 스스로 회사를 그만두기도 한다.

싫은 소리를 하기 전에 먼저 사장 자신의 인생에 관한 깊은 성찰이 선행되어야 한다. 사장의 뒷모습을 닮으려는 것이 조직의 속성이기 때문이다. 솔선수범이 다른 경영 기법과 아메바 경영의 가장 큰 차이

이며, 여기에는 사장의 결단이 필수적으로 요청된다. 사람이 각각 인격이 있고 독립적인 사고를 하는 존재라는 통찰은 인간에 대해 사랑과 깊은 고민, 경험, 체험에서 나온다.

사람을 사람답게 대우하고, 사람 간 관계에서 사람으로 해야 할 도리를 지키는 자세가 요구된다. 실력을 기르는 것 못지않게 마음을 갈고 닦아야 한다. 함께 가는 길을 이해하고 직원을 식구로 받아들이는 기업관이 필요하다.

그리고 결핍을 인정하고, 부족함을 긍정적으로 해석하며, 참아내면서 극복하여 나가야 한다. 이 과정이 인내이다. 성현은 인내는 쓰다고 했는데 쓴 인내를 통하여 그 단 열매를 생각하며 견디는 사장이라야 한다. 또한, 전 임직원이 공감하는 기반 위에 경영 방법을 바꾸어야 아메바 경영이 성공한다. 아메바 경영도 결국 사람 문제로 귀결된다. 직원을 좋은 사람만으로 골라서 뽑을 수 없는 세상이다. 조금 미흡한 사람도 성장을 통하여 기업도 같이 성장한다고 생각을 바꿀 때 마음이 편하여진다.

직원과 사장이 서로의 마음을 열고 공동의 목표를 가지고 한 방향으로 갈 때 기쁨이 따라오고, 이익이 따라온다. 여기에 공명정대한 배분 공준을 세우고 약속을 실행하여 나가는 사장이 존경받고, 지속 가능 경영을 할 수 있다. 소통을 통하여 사전에 제약 조건을 구체적으로 설명함으로써 서로의 처지를 이해하고 배려하는 것이 아메바 경영의 기초를 이룬다.

혹독한 훈련과 역량을 강화하는 데는 싫은 소리가 따르지 않을 수 없다. 그 싫은 소리가 성장을 염원하는 사랑을 담고 있을 때 직원은 빠르게 성장한다. 성서에서도 초달을 통하여 마음이 강하여지고 바르게 성장하여 오히려 위기에서 강한 힘을 발휘하게 된다고 강조하였다. 회사 역시 다부진 교육과 훈련이 뒷받침될 때 어떠한 난관도 극복하는 강한 회사가 되는 것이다.

정보 공유를 통하여 회사의 처지를 이해하고 구성원 모두가 이타적 관점에서 각자의 조건을 조정하여 나갈 때, 아메바는 최적 상태로 활동할 수 있다. 전 임직원의 행복을 물심양면으로 추구하는 것은 이러한 기업의 마음 바탕 위에서 출발한다.

6-2 현장과 직결된 회계 시스템

기업은 망하게 마련이다. 한때 잘 나가던 기업도 언젠가는 시장의 변화를 눈치채지 못하고 시장의 흐름과 충돌하게 되어 있다. 그 결과 핵심 역량이 진부화되면서 비용이 증가함에 따라서 경쟁력을 잃고 역사의 한 페이지로 사라지게 되는 것이 기업 흥망성쇠의 모습이다.

시장 변화와 함께 많은 경우 기업이 쇠락하는 근저에는 부정이 자리 잡고 있다. 정당한 대가를 지급하지 않고 부당한 경로로 취득한 이득은 기업의 핵심 동력으로 연결되지 않는다. 오히려 정상적인 회사 활동을 방해하여 핵심 역량을 갉아먹는 암적인 존재가 될 가능성이 크다. 고름이 살이 되지 않는다는 옛말도 이를 묘사한 촌철살인이 아닐까? 성서에서도 훔쳐서 마시는 물이 더 달고, 몰래 먹는 빵이 더 맛있다는 말은 악마의 속삭임이라고 경고한다.

우리는 지금까지 아메바 경영 철학에서 시작하여 그 바탕에 있는 정도, 공명, 정확, 투명, 청결, 공익, 공동의 목표인 도덕률에 대하여 수없이 많은 경구를 다루었다. 그런데 기업의 수익성 저하는 상당 부분 부정에서 비롯된다.

2002년 초반 누구나 알 만한 벤처 1세대의 거목 M사가 쓰러지는 것을 목격했다. 1997년 금탑산업훈장을 받고 1억 불 수출을 달성한 회사가 잘못되리라고는 누구도 생각하지 못했고 나도 신용등급과 감사보고서를 믿고 M사와 계열사에 226억 원의 자금지원을 결정하였다. 그런데 M사는 한 달도 못 되어 부도가 나고 말았다. 눈앞이 캄캄하였다. 어디 가서 하소연할 길도 없었다. CBO 펀드를 통하여 지원한 것이라 직접 구상권도 행사하지 못하고 발만 동동 굴렀다. 돌아보면 그때는 M사의 성장 뒤에 있는 그늘과 금융 환경, 그리고 대외교역 구조를 보지 못하였다.

2000년대 초반 불어 닥친 코스닥 폭락 사태에 M사도 흔들리지 않을 수 없었다. 그동안 조성됐던 벤처 거품이 한꺼번에 꺼지기 시작하면서 M사 역시 유동성 악화를 견디지 못하고 최악의 상황을 맞았는데, 언 발에 오줌 누듯이 거기에 226억 원을 넣었던 것이었다. 2000년 M사의 매출은 전년인 1999년과 비슷한 수준을 유지했지만 당기 순이익은 마이너스로 돌아서 무려 1천억 원이 훨씬 넘는 손실을 기록했다. 2001년에도 계속해서 1천억 원이 넘는 손실을 기록하다 2002년 초 부도를 내고 드디어 법정관리 상태에 들어갔다. 간판 벤처기업 신화가 속절없이 무너진 것이다.

아쉽고 안타깝지만 돌아보면 그때 M사의 이 회장이 기술 오리엔트된 정책, 벤처 연대론 같은 거시적 생각보다 현장으로 눈을 돌리고 디테일을 더 강조하였으면 하는 아쉬움이 진하다. 기업 기본인 시장과 직결된 영업을 고도화하고 원가를 절감하는 아메바 경영 활동을 전사적으로 전개하였다면 결과는 크게 달랐을 것이다.

최근 삼성이 거액을 들여 M사를 인수한 것을 보면 독보적인 기술은 아직도 국제 경쟁력이 크다고 본다. 그렇다면 그 당시 나는 어떤 것을 보고 어떤 것을 놓쳤는가?

먼저 M사에 유동성을 공급한 배경은 오스트리아 자회사를 매각하여 현금이 1억 불 유입된다는 보도가 있었던 점이었다. 이런 상황을 반영하여 신용평가사 신용 등급이 한 단계도 아닌 두 단계 급상승(B°→BB)하였다. 그에 더하여 회사는 핵심에 집중하기 위한 선제적 조치로, 비업무 자산과 자회사 매각 등 강력한 구조 조정에 들어간다고 보고하였다. 그런데 간과한 것은 연결 재무제표를 보지 못하였고 단순하게 M사만을 보고 평가하였다는 것이다. M사를 포함한 관계사 전체를 한 덩어리로 묶은 연결 캐시플로우(Cash-flow)에 대한 인식이 부족하였다. 더 중요한 것은 M사의 핵심 역량을 매출로 연결시키는 아메바 경영의 큰 그림을 그때는 몰랐다는 것이다.

그때의 M사를 지금 진단한다면 그 처방전은 이렇다.

먼저 고객에게 3차원 초음파 진단기의 차별화 요소를 극대화하여 알린다. IMF의 여파로 원화의 가치가 1/2로 떨어진 것을 고려하여 설비를 개선하고 생산량을 최대한 끌어올려, 가격은 절반보다 더 낮으면서도 유저 인터페이스가 개선된 보급형 제품을 국제 시장에 초저가로 공급한다. 다른 회사 제품과는 가격, 해상도, 유저 인터페이스가 완전히 다른 제품으로 일류 업체인 GE, 지멘스, 필립스, 도시바를 넘어서, 완전히 시장을 석권하는 계기로 삼는다. 환율의 압도적인 유리를 배경삼아, 다른 나라 업체가 도저히 따라올 수 없는 가격으로 초단기에 시장을 확보하는 것이다.

캐시 플로우를 확보하기 위하여 국가의 수출보증을 활용하여 현지 수입상들에게 신용을 최대한 늘려 주는 한편, 현지 캐피탈 사와 협의하여 리스를 적극적으로 확대함으로 규모의 경제를 추구한다. 이 선순환 구조를 미국 또는 유럽의 한 나라를 정하여 하나의 시장에 역량을 총 집중하여 점유율 1위에 올라서는 것에 성공하면 전 글로벌 시장으로 확대하는 것은 그리 어렵지 않다고 본다. 더하여 신용 리스크도 줄어들 수밖에 없는 선순환 구조가 만들어진다면, 현지 파트너들도 우수한 파트너로 변경되는 것이다. 시장에서 경쟁력을 발휘하는 상황을 보게 되면 우수한 제휴선과 새롭게 연대가 가능해진다. 선순환 구조를 만들기 위한 전제는 아메바별로 철저한 품질 관리와 함께 제품의 생산 속도 상승이 선결 과제인데 아메바 경영이야말로 이런 프로세스에 최적의 경영 모델이다.

지금 4차 산업혁명의 물결이 일고 있다. 스마트 공장 시스템이 도입되고, 소비자 기호가 생산에 반영되며, 제품 특성이 다른 제품들이 한 라인에서 생산되도록 생산 개념이 진화하고 있다. 이러한 미래를 두려움과 공포, 사업 축소로 반응하기보다는 이 기회를 새로운 비즈니스 창출 기회로 보고, 더 도전적인 목표를 가지고 시장 변화를 리드해야 한다.

아메바 경영의 회계 원칙은 매출은 최대로 비용은 최소로, 가격 결정이 곧 경영, 제품, 정보와 동행하는 전표, 일대일 대응 원칙, 고정비 증가를 경계하는 이중 체크의 원칙 등으로 구성된다.

아메바 경영 회계 원칙은 지금도 그 우월성이 실증적으로 검증되고 또 진화하고 있다. 이를 도입하면 행복한 직장, 항상 이익이 활동의 기준이 되는 직장, 나아가 늘 현금 흐름이 플러스인 직장, 투명하고 선명한 직장을 만들어 지속 가능 경영을 쉽게 한다.

기업은 큰 그림이 있어야 하고 그 큰 그림을 문자로 표현한 것이 사명과 비전이고 미션이다. 이것이 기업의 내부 각 개인의 행동 양식을 규정하며 나아가 회사 전체의 성과를 내는 활동으로 연결되게 된다. 성과를 숫자로 표현하여 아메바가 활성화되도록 배분하는 회계원칙이 선순환 구조로 작동되는 회사를 구체적으로 만드는 아메바 경영은 기업경영의 활로를 열어주는 강력한 경영 방법이다.

아메바 경영의 회계 원칙 실행으로 부정이 틈타지 못하는 조직, 이익을 중심으로 왕성하게 활동하는 아메바들로 구성된 지속 가능하고 투명한 기업들이 모여서 행복한 경영 생태계를 만들어 가기를 소망한다.

6-3 매출의 획기적 확대를 위하여

탁월한 경제학자인 올리버 윌리엄슨(Oliver Williamson, 2009년 노벨경제학상) 교수는 시장과 위계(Markets and Hierarchies)라는 책을 통하여 기업의 생성과 소멸을 설명하였다. 그는 시장에서 기업 조직이 왜 존재할 수 있고, 어떤 변화를 통해 효율적인 조직을 구성할 것인지를 잘 설명하고 있다.

기업의 비용 중 거래 비용에 대한 생각이 도입된 후 생존 비용의 차원에서 기업의 규모와 조직 구조, 그리고 복합 기업의 효율성에 대한 검증은 수많은 책과 논문을 통해 설명되었다. 시장 비효율로 인해 기업 조직이 탄생하고, 기업 조직 규모가 커짐에 따라 여러 기능이 분화되는 과정은 기업이 성장하면서 겪게 되는 일반적인 과정이다. 기업이 속한 산업 특성, 경쟁 관계, 기술 변화 등 외생적인 변수들과 인적 구성, 지배 구조, 보유 자원 등 내생적 변수를 고려해 성장 과정에 가장 적합한 조직 형태를 선택할 수 있을 것이다.

이런 관점에서 현재의 삼성전자에는 과연 거래 비용을 절감하는 전략적인 조직과 체계의 효과적 독창성이 있을까 물어보게 된다. 오늘은 그 전략이 통하지만, 내일도 통할지는 아무도 알 수 없다. 가장 핵심적인 전략으로 독점을 추구하지만 궁극적으로 삼성전자는 시장 실패를 보완하는 차원에서 존립해야 한다. 시장 자체를 완전히 대체해서는 곤란하고, 대체할 수도 없다.

한편 아마존, 알리바바, 텐센트, 라쿠텐 등 인터넷 기반 기업은 거래 비용을 대폭 낮추면서 시장 거래를 촉진하는 경향이 있다. 그 결과 시장 실패가 사라짐에 따라 기업이 사라지는 산업의 사막화가 초래될 수 있다. 비극이 아닐 수 없다. 고전 경제학에서 가정했던 시장은 거래 비용이 늘어나면서 비효율적으로 되고, 이는 기업이 등장하는 계기가 되었다. 일정한 조건으로는 기업이 오히려 시장보다 우월한 것은 당연하지만, 최종적으로는 시장에 수렴하는 것을 염두에 두고 경쟁을 뛰어넘는 혁신을 향하여 나가야 하는 것이 기업의 숙명이다. 기업은 성장을 먹고 자란다고 이나모리 가즈오는 시종일관 주장한다. 일하는 이유는 성장하기 위해서이고, 성장이 없이는 행복도 없다고 말한다. 그 성장의 출발은 매출이다. 고객은 우리 상품, 우리 서비스, 우리 제품에 돈을 지불하고 만족을 산다. 그 구매가 반복되는 필요조건은 시장을 능가하는 혁신이다. 혁신은 기업 전체의 역량으로, 짐 콜린스는 카리스마에 의존하는 리더에 의한 일회성 혁신으로 이룬 성장은 곧 그 바닥을 드러낸다고 설파하였다. 다르게 표현하면 착한 혁신, 지속되는 혁신이 필요한 것이다.

아메바 경영은 착한 혁신을 이루는 대표적 조직 모형을 가지고 있다. 모든 직원이 경영에 참여하고 비공식적인 간담회, 소통 회의, 회식 등을 통하여 정보와 생각을 교환하고 교류하면서 강물과도 같은 도도한 흐름을 형성하므로 늘 깨어서 시장보다 낮은 원가를 유지하는 성과를 지속해서 달성할 수 있게 된다. 아메바의 질적 성장은 모든 직원이 경영 정보를 공유하면서 나아갈 방향을 알고 그 중심에 이익을 놓고 활동하기 때문에 가능하다. 나아가 실적에 문제가 생기면 전 아메바가 머리를 맞대고 문제를 해결하고야 말겠다는 투혼으로 똘똘 뭉쳐서 난관을 헤쳐 나간다.

슘페터(Joseph A. Schumpeter)는 기업조직 또는 기업가가 새로운 조직과 생산간 조합을 수행하여 신제품, 새로운 서비스, 새로운 원재료 또는 공급원, 새로운 생산 방법, 신시장, 새 조직 형태 등을 창조해가는 창조적 파괴(Creative Destruction)의 과정을 혁신이라고 설명하였다. 그는 이 혁신의 과정에서 변화를 두려워하지 않는 기업가정신을 강조하였다.

한발 더 나아가서 피터 드러커(Peter F. Drucker)는 기업가 정신을 기업에만 국한되지 않고 한 사회 모든 구성원이 발휘할 수 있는 가치 혁신의 기본이라고 강조하면서, 리더십과 연결하여 기업가정신을 설명하였다.

아메바 경영도 혁신 리더를 아메바마다 둔다. 뿐만 아니라 아메바 안에 모든 구성원이 예비 아메바 리더로서 경영에 참여한다. 아메바들은 거래에 있어서 새로운 시장, 새로운 용도를 고민한다. 이유는 매출을 늘리기 위해서 시장 혁신, 제품 혁신이 필수적이기 때문이다. 각 아메바는 기존 제품을 보완하고 개선할 뿐만 아니라 전혀 새로운 용도, 새로운 제품으로 가치를 증대시킨다.

영업 아메바는 기존의 영업 경로에 더하여 새로운 제품 공급로를 개척한다. 생산 아메바는 기존 공정을 재검토하고 혁신적인 새로운 공정에 목말라 한다. 원료, 부자재의 비용 절감을 위해서 늘 새로운 소재에 관심을 기울인다.

결국, 전 직원이 고객을 향한 최종적인 영업 활동을 염두에 두고 자신의 분야에서 어떤 부가가치를 더할지를 고민하면서 새로운 사고틀을 가진 새 사람으로서 하루하루 진화해 나간다.

아메바 경영은 전술한 바와 같이 각각의 아메바가 매출을 최대로 늘리는 활동을 첫째 덕목으로 한다. 그런 활동의 바탕에는 더 나은 제품, 더 합리적이고 유용한 서비스를 추구하는 기업가정신을 장착한 아메바 구성원들의 창조적인 혁신 활동이 자리 잡고 있다.
모든 아메바 조직과 구성원들은 더 나은 매출을 위하여 힘을 모아 매일매일 전진하는 것이다. 그 전체 노력의 합으로 매년 매출액이 증가하고 영업 이익이 10% 이상 달성된다. 신제품, 새로운 용도, 혁신적인 제품과 서비스가 차지하는 비중 역시 해를 거듭할수록 증가한다.
아메바의 비용 절감을 위한 활동은 경영 정보의 공유에서 출발한다. 수익에서 비용을 제외한 부가가치가 아메바의 실적으로 잡혀서 시간당 채산으로 회사 공동체가 공유하므로, 원가절감을 위한 요소별 비용 억제가 수반될 수밖에 없다. 경영정보를 공유한 아메바의 땀 한 방울 한 방울이 모여서 실적으로 환원되게 된다는 사실을 구성원들이 이해하므로 이익을 가운데 놓고 활동을 전개하는 것이 가능한 것이다. 제조 공정별 원가를 고려한 생산 표준이 정해지고 이를 초과 달성하기 위한 전 아메바의 명예를 건 투혼이 발휘되는 것이다. '매출은 최대로 비용은 최소로'하는 아메바 경영의 근육질 경영은 지속가능 경영의 모범이다.
이러한 매출 최대 비용 최소의 근육질 경영이 경천애인의 경영 철학과 연결되어서 부하를 사랑하는 마음과 상사를 존경하는 마음, 더 나아가 인간의 품격을 지켜나가는 마음이 사내에 자리 잡는다. 이러한 마음이 회사 내 비전, 목표에 입각한 각 직원의 행동 양식으로 규정되고 그 전통이 이어져 나간다.

아메바 경영 원리는 시간과 장소를 불문하고 어느 조직에서나 적용할 수 있다.

어려움을 겪고 있는 기업에 한시바삐 그 도입을 권장한다. 제품, 기술, 품질, 납기와 근로자의 자세 등 아메바 경영을 도입하면 얻을 이익이 무궁무진하다. 아직도 시장에 관하여 해법이 없고, 핵심역량이 명확하지 않고, 원가의 우위를 확보하지 못한 우울한 우리의 사장들에게 큰 그림을 그리는 좋은 방법론으로 아메바 경영의 핵심으로 들어가는 발상의 변화를 촉구한다.

6-4 정당한 대우, 행복한 직장

아메바 경영의 산실인 교세라에서도 수익 배분, 과실 나눔은 쉬운 일이 아니었다.

교세라 창립 초기 직원 28명과 생각이 서로 다름을 확인하는 시간이 2박 3일간 계속되었다. 이나모리 가즈오는 피 말리는 그 과정을 이렇게 술회한다. 그때 직원들이 참 야속하였다. 왜 나의 불타는 열정과 함께 삶을 나누려는 마음을 몰라주는지 회사를 때려치우고 싶었다. 나 혼자 잘 먹고 잘살자고 이 고생과 고난을 감내하는 것은 아니지 않은가. 서운함이 몰려들었다.

그러나 이나모리 가즈오는 역지사지의 자세로 마음을 다잡았다. 1960년대 초 일본에서 노조 활동이 극성을 부리고, 봄마다 춘투 파업이 일상화되던 시절, 사회 전반에 노동 활동과 쟁의 활동에 영향을 받지 않는 직원이 얼마나 되었겠는가? 고등학교를 갓 졸업하고 직장에 첫발을 내디딘 사회 초년병의 마음이 얼마나 불안했을까? 또 창업한 지 얼마 안 되는 회사가 정말로 생존할 수 있을지, 생존한다면 얼마나 살아남을 수 있는지 고민이 거듭될 수밖에 없었을 것이다.

생각해 보니 2박 3일에 걸친 직원들의 압박도 충분히 이해가 되었고,

이들의 인생을 책임지려면 이들의 인생과 가치를 더 소중하게 생각하여야 하지 않을까 하고 마음을 바꾸게 되었다. 그런 끝에 이나모리 가즈오는 회사가 잘못되면 내 목숨을 당신들이 가져가라고 혈서를 쓰면서 함께 부둥켜안고 울면서 마음을 하나로 모았다. 그 기세로 교세라를 반석으로 올려놓게 되었다고 회상했다.

기업의 수익 분배나 성과 배분(Profit Sharing)에 정답은 없다. 앞으로도 그 고민은 시대와 환경에 따라 바뀌고 또 바뀌어 나갈 것이다. 서구의 주주 자본주의와 같이 기업의 경영성과인 과실을 주주가 다 가져가면 직원은 상실감으로 핵심 직원이 동요하고 성장 동력이 훼손된다. 그렇다고 주주에게 배분하지 않고 유보금을 회사에 과도하게 쌓아 놓으면 자본 효율이 떨어지게 되고, 기업 본연의 의미가 퇴색된다. 한편 직원 몫이 너무 크게 되면 염불보다는 잿밥에 신경 쓰게 되어 내부에 질시와 분배 과정의 정당성에 관한 도전이 일게 된다. 이 모든 것에 대한 답은 그 시대의 기업관과 지배구조, 사회의 분위기, 경기 상황 등과 연관 지어 함께 지혜를 모으는 것이 좋다고 본다.
아메바 경영은 나눔에 대하여 확고한 철학을 표명한다. 이나모리 가즈오는 성과주의 분배의 허구를 정확하게 지적한다. 오늘 먹는 밥보다는 내일을 위한 씨앗을 강조하는 경향이 강하다. 그러면서 회사가 공동체로 존재하기 위해서 현명한 분배를 어떻게 하여야 하는가를 설명한다. 영업이 잘되어 영업직이 큰 실적을 올렸을 때 그들에게만 성과급을 과도하게 배분하면 생산직과 후선의 관리직이 회사 발전에 협조하지 않아서 수익성이 오히려 하락한다는 지적을 한다.
또 영업 실적이라는 것은 회사 전체 노력의 결정체인바, 불경기로 실적이 감소하면 이를 영업 직원들만의 탓으로 돌릴 수도 없을 것이라고 말한다. 더하여 생활급이 있는데 실적이 나쁘다고 임금을 깎으면 실적이 더 나빠지거나 회사를 그만둘 가능성이 커져서 득보다 실이 많다고 한다. 그래서 교세라는 성과급 배분은 최소한으로 하고 실적을 많이 올린 사람에게는 명예를 올려주는 포상을 하고 인사 고과에 반영하여 다음 승진 인사에 배려하는 긴 호흡을 가지고 간다고 설명한다. 이것이 지속 가능 경영의 토대가 되는 것이다.

성과 배분은 이해 당사자가 서로 이해하고 서로 믿는 방식으로 투명하게 해야 분배 정당성이 확보된다. 성장 동력에 나쁜 영향을 미치는 잘못된 분배는 장기간에 걸쳐서 회사의 성과를 훼손하게 되므로 당사자 간 이해와 참여가 중요하다. 나아가 보수 만족도를 높게 유지하기 위해서 장기간에 걸친 수익 배분의 로드맵을 직무와 연관 지어 만들고 시행할 때 성과도 올라가게 되어 있다. 직원의 연령과 수준에 맞춘 직무 만족도 평가 툴을 전 직원의 참여하에 공개적으로 만들고 그 갱신도 함께해 나가야 직장을 소중하게 여기는 마음이 생기고 근무 환경 역시 개선된다.

작은 수익을 여럿이 나누면 보수 만족도가 낮을 수 있지만, 실제로 조사해보면 직장의 만족도 총합은 보수 만족도에만 의존하는 것이 아니다. 만족도를 구성하는 요인은 회사마다 다양하게 나타난다. 크게 보아서 회사 브랜드, 환경 만족도, 일의 난이도에 대해 고려, 나아가서 관계 만족도가 더 크게 작용한다는 연구 결과도 많다. 우리는 일을 통하여 만족을 얻고 일에서 행복을 확인하는데, 아메바 경영은 다양한 욕구의 우선순위를 모두가 논의하는 가운데 함께 결정함으로써 전 임직원의 행복을 물심양면으로 추구한다.

25년 된 중견 금형업체 H 정밀은 전 한국금형산업진흥회 김 회장님이 대표이사이다. 이 회사는 아메바 경영을 도입하여 전 임직원의 행복을 물심양면으로 추구하기 위한 경영 활동을 한다.

그런데 2010년 초반 인건비 지출이 동종 업계의 타사보다 높게 나타나 수익성이 하락한 것이 문제였다. 나는 김 회장님과 머리를 맞대고 해결책을 찾으면서 회사가 앞으로 수익을 올릴 방법이 없는지를 고민하였다. 사실은 노동 생산성을 높이면 간단하지만, 생산성을 높이기 위해서는 수주를 늘리는 것이 선행되어야 하고 그렇지 않을 경우는 공정별로 남는 부분은 줄이고 병목이 되는 공정은 늘려서 효율적인 생산 체계(라인밸런스, Line Balance)를 구축하여야 한다. 이것을 위해서 또 투자를 늘려야 한다면 김 회장님의 고민은 커질 수밖에 없다. 이 고민을 해소하기 위해서는 먼저 직무를 분해하여 보고 아메바별로 원가 책정을 다시 하는 회사 전체의 활동을 선행할 필요가 있다. 또한, 영업에서 생산, 생산에서 영업 간 서로 원가에 대한 소통을 통하여 영업이 수주한 제품 원가에 근거한 이익을 책정한 후 이를 달성하기 위한 아메바별 노력이 뒤따라야 한다. 나아가서 아메바별 수익이 매일 공지된다면 수익성 제고는 가능하리라고 본다.

기업은 성장을 먹고 자란다. 성장은 그냥 자연적으로 이루어지는 것이 아니고 구성원 각각의 성장이 모여서 기업의 매출이 늘어나고, 생산비가 통제되고, 지원 부서 역시 유기적으로 가동되어야 가능하다. 이를 위해서는 전략 수립, 전사적인 교육과 훈련은 필수적이다. 그리고 다른 부서와 유기적으로 통합되어 고객의 소리를 즉각 반영하고 미래의 변화를 미리 선점하는 회사가 되는 것 외에 다른 길이 없다.

아메바 경영은 이 성장하는 개인과 아메바들이 단합하고 서로 연대하여 함께 행복한 회사를 만들어 내는 성장 공동체를 추구한다.

6-5 전 사원의 행복 추구

최근 유엔 글로벌콤팩트에서는 기업 경영의 국제적인 공준을 서약서로 만들어서 발표했다. 페어플레이 서약서에는 최고 경영진의 청렴한 기업 문화 조성 장려, 기업의 사업 운영에 관련된 반부패 리스크 관리 노력, 임직원의 준법·윤리 경영 역량 강화를 위한 노력, 이해 관계자들과의 협력 및 투명하고 공정한 사업 활동 수행, 공정하고 깨끗한 비즈니스 환경 조성 노력 등의 내용이 담겼다. 아메바 경영이 추구하는 행복한 경영과 그 내용이 비슷한 것에 놀라지 않을 수 없다.

아메바 경영 철학에 근거한 활동 강령과 유엔이 추구하는 지속 가능 경영의 방향이 사실상 대동소이하다. 아메바 경영의 행복 추구 철학과 유엔 페어플레이 서약서에서 추구하는 목적이 기업의 탐욕과 약육강식의 비정한 경쟁에서 벗어나 페어플레이를 하며 함께하는 공동체를 지향하기 때문이다.

노(勞)와 사(使)가 서로 믿고 하나가 되면 기업은 생명 공동체가 된다. 그런데 여기에 각자의 입장과 욕심으로 욕망이 고개를 들면서 균열이 발생하고 있는 것이 현실이다. 믿음이 실종되면 서로에 대해 불신이 쌓이고 불화와 다툼으로 이어진다. 노사 간에 서로의 한계를 이해하고 소통하는 것이 아니라 대립과 분열로 치닫는다. 마침내 생명공동체는 활력을 잃고 시장에서 뒤처지면서 성장에 필요한 자원의 조달도 멈추는 것이다. 비극적인 일이 아닐 수 없다.

배려가 없고, 쉽게 화를 내고, 증오가 만연된 집단은 존속할 수가 없다. 기업이라고 해서 예외일 리 없다. 그런데도 불행스럽게도 책임지는 사람은 없고 회사를 자신의 몫을 챙겨야 하는 편취나 횡령의 대상으로 보는 경향이 점점 증가하는듯하여 안타깝기 그지없다.

D 조선해양 사태를 들여다보면, 주인의식을 가진 임직원이 없는 회사가 어떤 결말을 맞이하는지 잘 보여준다. 대우그룹이 IMF 사태로 해체되고 2000년 산업은행 자회사로 편입된 이후로 D 조선해양은, 금융 시장 기준에 의해 기업 가치 평가를 받고 이에 따라 금융 지원 여부가 시장 원리에 따라 결정되는 것이 아니라 국책 금융기관의 우산 아래 오늘까지 생존하였다.

매각 직전까지 간 적도 있었으나 글로벌 금융 위기에 따른 상황 악화와 노조의 실사 저지 등이 겹치며 매각에 실패하기도 했다. 근로자의 반발은 치열한 경쟁이 있는 민간 기업에 인수되기보다 국책 금융기관의 관리를 선호한 때문이었을 것이다. 산업은행 역시 자회사에 영향력을 계속 행사할 수 있다면 적극적으로 매각에 나설 이유가 없다. 오히려 매각에 따른 손실이 확정되거나, 저가 매각 등의 책임론이 제기될 수 있다면, 그 기업이 망할 때까지 유지하는 것이 경영진 임기제와 맞물려 모두에게 선한 것이 돼 버린다. D 조선해양 경영진 역시 자신의 인사권이 인수 기업으로 넘어가는 것을 당연히 꺼린다.

산업은행이나 부실(不實)경영자, 근로자를 포함하여 기업 이해 관계자 아무도 매각을 원치 않는 상황은 회사의 방만 경영으로 귀결되었다. 주인이 없고, 성과에 대한 책임이 없고, 감독 부담이 없으므로 도덕적 해이가 만연한 태평성대가 되었다. 배임과 횡령의 기회가 넘쳐났다.

D 조선해양 직원으로 근무하면서 8년간 허위 물품계약 등의 수법으로 210억 원의 회삿돈을 빼돌린 간부가 구속되기도 하였다. 그 간부는 2008년부터 2015년 말까지 비품 구매 업무와 숙소 임대차 업무를 대행하는 대우조선 자회사와 거래하며 허위 계약을 하는 수법으로 회삿돈을 빼돌렸다. 경영진은 자기와 관계있는 특정 인사에게 일감 몰아주기 등 부정거래를 하도록 하급자에 지시한 일도 있다. 하도급 단가 기준 적용 등 회계 원칙이 지켜지지 않았음은 물론, 회계 부정으로 연결되는 악순환 고리가 형성되었다. 그 부실을 메우기 위해 7조1천억 원이 넘는 공적자금이 투입되었다. 엄청난 공적자금이 투입되었지만, 회생 가능성은 30% 미만이라는 보고도 있다.

이러한 비극을 해피엔딩으로 만들 방법은 아메바 경영에서 찾을 수 있다. 아메바 경영을 이식하여 건전한 기업의 비전을 이해 당사자가 함께 만들고, 그 비전을 달성하는 도구가 정렬되어야 한다. 이를 위하여 강력한 회계 정보를 기반으로 아메바별 활동도 이익 중심으로 고도화되어야 한다.

보다 구체적 내용을 살펴본다.

먼저는 고객에게 제공하는 정보를 정렬하는 작업이 선행되어야 한다. 회사의 큰 그림에서 시작하여 최종적으로는 제품 정보와 차별적 지위를 지속해서 제공함으로써 고객을 만족시키고 나아가 고객 관계가 발전적으로 확대되는 경로를 확보하는 것이다.

둘째는 고객에 제품과 서비스를 제공하는 최적 경로를 설계해야 한다. 그 경로 설계는 고객과의 최단 거리를 확보하면서도 시간, 경제적 효익과 제약 조건을 포괄하는 검토를 통하여 이루어져야 한다.

셋째는 회사가 보유한 핵심 역량에 대한 정의가 있어야 한다. 이는 비전과 연결되는 장기 목표, 5년 미만의 단기 목표를 포함한다. 이 핵심 역량의 중심에는 인적 자본 성장에 관한 목표와 도전, 그리고 이 정표들이 마련되어야 한다.

넷째, 제조 원가를 전 조직원이 공유하면서, 모두가 원가를 더 절감하는 방법을 끊임없이 모색해 나간다. 이를 통하여 시장에서 가장 효율적인 제조 체계, 서비스 제공 체계의 루틴을 만들어 나간다.

다섯째, 고객이 지급하는 제품 가격과 서비스 가격을 최대로 늘리기 위한 최선의 노력을 기울인다. 수익 극대화를 위해서는 가격 결정 기능이 리더의 중요한 직무이다.

여섯째, 재화와 서비스의 생산, 유통, 유지, 관리에 소요되는 비용 최소화가 경영 활동의 주요 관심사가 되어야 한다. 직접비뿐 아니라 간접비까지 분배하는 구조로 모든 원가를 활동 기준으로 통제할 수 있어야 한다.

일곱째, 아메바의 분화 또는 확대 증식을 대비하여 예비 리더를 훈련시키고 나아가 리더로서의 덕목, 소양을 갖추도록 미리 준비한다. 늘어나는 아메바의 조기 정착이 가능해진다.

여덟째, 중장기적으로 회사 보유 자원의 적절한 배분을 지속해서 추구한다. 리더는 자원 준거 관점에서 장기적 시각, 거시적 시각을 유지하여야 지속 가능 경영을 확보할 수 있다.

아메바 경영은 윤리 경영과 정도 경영을 추구한다.

또한, 아메바 경영은 투명 경영을 지향하여, 경영 정보를 최대한 전임직원이 공유한다. 그런 동시에 아메바 경영은 분배 공동체를 지향하여, 이익에서 1/3은 사내 유보, 1/3은 직원 몫, 나머지 1/3은 주주 몫으로 한다.

유보한 1/3은 신성장 동력을 위한 연구 개발비와 설비 투자 재원으로 활용하여 지속 가능 경영을 추구한다. 분배 공동체의 중요한 축인 직원 몫 1/3은 행복한 직장을 만들기 위한 급여와 성과급, 나아가 행복한 활동을 위한 비용으로 사용된다.

함께하는 공동체는 상하 신뢰와 믿음을 토대로 서로를 위하여 희생하는 이타적인 경영의 터전이 된다. 이 바탕 위에 직원이 행복하게 성장하는 기업문화가 성숙하고 몸담은 식구가 계속 성장하여, 각 직원의 활동이 이익을 근거로 움직이며 각 활동 단위가 유기적으로 연결됨으로 기업의 시스템도 잘 정비되어 지속 가능한 경영이 가능하다.

에필로그

사람이 수많은 시련과 좌절을 극복하며 살아가듯, 기업도 온갖 고난과 역경을 이겨내며 성장해 간다. 인생사와 기업사가 서로 닮았다고 하여, 인업상종(人業相從)이라고 말하기도 한다.

경영의 길은 어찌 보면 인생의 여러 행로 중 하나라고 볼 수도 있다. 그래서 경영의 원리 또는 본질을 이해하는 데는 인생의 철학적인 물음과 연결하여 역사의 증언을 들어보는 것도 지혜를 얻는 현명한 방법이다.

일본의 전국 시대를 종결짓고 바쿠후 시대를 새롭게 연 도쿠가와 이에야스는 후손에게 '임중도원(任重道遠, 등에 짐은 무거운데 갈 길은 멀다)'이라는 넉 자를 가르치면서 서두르지 말고 인내하라고 교훈하였다. 멀고 먼 인생길에 참고 견디라고 당부하였다. 버티지 못하고 화를 내는 것은 반드시 대가가 따른다고 후손들에게 경고하였다. 어린 시절을 통째로 인질로 보낸 도쿠가와 이에야스의 굴곡진 인생에서 삶의 큰 틀을 관통하는 것은 견딤이었다. 그는 질경이와 같이 끈질기게 참아내는 자신의 인생 여정을 통하여 실증적으로 인내가 무엇인지를 보여 주었다. 그에게 있어서 국가의 경영 원리 역시 당연하게 인내를 맨 앞에 두었다.

그에 반해 도쿠가와 이에야스의 정치적 선배이자 라이벌인 도요토미 히데요시는 속도와 타이밍을 국가 경영의 요체로 파악하였다. 그는 말고삐를 쥐는 노예 신분에서 무사로 변신하고, 또 오다 노부나가의 뒤를 잇는 집단의 리더로 성장하였다. 또 오다 노부나가가 가신에 의해 살해되는 위기를 기회로 만들었다. 누구도 예측할 수 없는 속도로 반란세력을 제압하고 일거에 정권을 휘어잡아 쇼군이 되었다. 도요토미 히데요시의 광속 행보와 변신은 누구도 흉내 낼 수 없는 속도와 타이밍에 대한 근원적인 통찰을 보여준다.

경영에 있어서 결단의 과정에서 인내와 반응속도 이 두 가지 상반되는 관점은 모두 유용한 것이라고 할 수 있다. 오늘의 경영 현실에서도 상황에 따라 이 두 가지 관점은 적절하게 혼용할 수 있고, 또 그래야만 한다. 인생에 정답이 없듯이 경영에도 정답이 없다. 이것이 우리가 오늘 경영에 관하여 고뇌하고, 더 나은 길을 모색하는 이유이기도 하다.

톨스토이는 『인간은 무엇으로 사는가?』라는 단편소설에서 사람의 속마음에 하나님의 사랑이 있고, 사람은 이 사랑으로 산다고 하였다. 그는 진정한 지혜는 모든 것을 아는 지식이 아니라, 삶에 어떤 것이 필요한 지식이고 어떤 것이 덜 필요한 지식이며 어떤 것이 필요 없는 지식인지를 아는 것이라고 지적한다. 가장 필요한 지식은 잘사는 방법에 대한 지식이고, 최대한 선행을 베풀면서 서로 사랑하며 사는 것이 인간으로서 잘 사는 길임에도, 사람들은 쓸데없이 분주하게 살면서도 정작 중요한 가치인 사랑을 실천하는 삶은 살지 않는다고, 소설의 형식을 빌려 탄식하고 있는 듯하다.
한편 도스토옙스키는 지금으로부터 160여 년 전 당시 사람들이 얼마나 신경질적이고, 참을성이 없고, 양보하지 않으면서 조그만 일에도 분노하는가를 개탄하는 소설을 썼다. 불후의 명작 『죄와 벌』에서 그는 삶의 과정, 인생 여정을 죄와 사람의 관계로 풀면서, 성서의 원죄를 인생의 숙명으로 설명하였다. 한마디로 인생은 마음 동물원을 다스리는 과정이라고 주인공 라스콜리니코프의 행적을 통하여 말하였다. 갈대 같은 사람 마음속의 동물원에는 때로는 예기치 못한 사자가 우리 밖으로 뛰어나와 주변 동물을 공포로 몰아넣고, 어느 때는 생쥐가 된 듯 오그라들어 사시나무같이 마음이 흔들리는 것이 인생이라고 설파하였다.

성선설과 성악설 중 과연 어느 견해가 옳은 것인지 나는 알지 못한다. 다만 내 마음속에서 선과 악이 매일 서로 싸우고 있다는 점은 확실히 말할 수 있다.
이나모리 가즈오는 악한 마음을 이겨내고 인간의 도리를 지키는 경영을 할 것을 주문한다. 그는 경영자의 마음가짐이나 삶의 자세로서 구체적으로 다음과 같은 몇 가지를 제시한다.
첫째, 오늘 누구에게도 뒤지지 않을 만큼 노력한다.
둘째, 겸손하고, 오만하지 않게 행동한다.
셋째, 매일 반성한다.
넷째, 살아 있는 것에 감사한다.
다섯째, 어두운 곳을 돌아보고 선행을 베푼다.
여섯째, 감상적인 연민과 후회를 하지 않는다.

경영의 본질은 인과 의의 충돌 과정이라고 윤석철 서울대 석좌교수는 갈파하였다.

가령 전쟁이 치열한 가운데 당신이 한 분대를 책임진 분대장이라고 하자. 때는 한겨울 영하 20도의 혹한 속에서 일곱 명의 분대원과 함께 낙오하여 본대와는 통신이 끊어지고 가지고 있는 식량과 탄약도 바닥이 보인다. 공포와 피로가 엄습하여 사기가 바닥을 치고 있다. 설상가상으로 막내 분대원이 지뢰를 밟아 발목이 나갔다. 위생병이 응급처치 하였으나 고통으로 신음하는 막내를 차마 쳐다볼 수 없다. 이때 멀리서 적군이 움직이는 소리와 함께 징과 꽹과리가 울린다. 막내는 고통 가운데도 화기와 탄약을 나에게 맡기면, 자신이 최후의 저지선이 되어서 나머지 분대원의 무사 귀환의 보루가 될 것이라고 선언한다. 이때 분대장인 당신은 막내 의견을 일축하고 우리는 공동 운명체라며, 살아도 같이 살고 죽어도 같이 죽어야 한다고 말한다. 그러나 추격하는 중공군이 가시거리로 들어온다. 결국, 결단을 내려야 하는 순간이 다가온다.

경영은 이와 같다. 사랑은 공동운명체로서 함께하라 말하고, 옳음은 나머지를 살리는 길을 찾으라고 말한다. 인은 사랑을 말한다. 의는 옳음을 말한다. 사랑은 마진을 필요로 하고 옳음은 바름, 정도를 지향하므로, 마진을 줄이고 여유를 없앤다고 할 수 있다. 이 두 가지 다른 가치를 조화하여 지속 가능 경영으로 승화시켜 나가는 고난의 길을 경영인은 숙명적으로 걸어야 한다.

이 외롭고, 두렵고, 떨리는 길에 아메바 경영이라는 등불과 나침반을 들고서 불굴의 의지로 무소처럼 뚜벅뚜벅 전진하는 이 나라의 기업인이 많아지기를 꿈꾸며 간다. 비정하고 냉혹한 경영의 전장 속에 내쳐져 홀로 외로이 처절한 전쟁을 치르고 있는 이 땅의 많은 기업인들에게 이 책이 경영의 어두움을 밝히는 자그마한 도움이라도 되었으면 하는 소망 간절하다. 약육강식의 정글인 경영의 험로에서 잠시나마 마음을 추스르고 갈증과 열기를 달래줄 한 잔의 생수가 되기를 기원한다.